Problemau Mathemateg

Blwyddyn 5

Catherine Yemm

Llyfrau eraill yn yr un gyfres:

Datrys Problemau Mathemateg – Blwyddyn 1	978-1-78317-284-9
Datrys Problemau Mathemateg – Blwyddyn 2	978-1-78317-285-6
Datrys Problemau Mathemateg – Blwyddyn 3	978-1-78317-286-3
Datrys Problemau Mathemateg – Blwyddyn 4	978-1-78317-287-0
Datrys Problemau Mathemateg – Blwyddyn 6	978-1-78317-289-4

Cyhoeddwyd gan Brilliant Publications
Uned10, Sparrow Hall Farm,
Edlesborough, Dunstable, Bedfordshire LU6 2ES

E-bost: info@brilliantpublications.co.uk
gwefan: www.brilliantpublications.co.uk
Ymholiadau cyffredinol:
Ffôn: 01525 222292

Mae'r enw Brilliant Publications a'r logo yn nodau masnach cofrestredig.

Ysgrifennwyd gan Catherine Yemm

Clawr a darluniau gan Frank Endersby

ISBN print: 978-1-78317-288-7
ISBN e-lyfr: 978-1-78317-294-8

© Catherine Yemm 2005

Cyhoeddwyd gyntaf yn 2016. Cyhoeddwyd yn y DU.
10   9   8   7   6   5   4   3   2

Cynnwys

Cyflwyniad

Datrys Problemau Mathemateg – Blwyddyn 5 yw'r pumed llyfr mewn cyfres o chwe llyfr adnoddau ar gyfer gwersi rhifedd. Mae'n cynnwys gofynion Datblygu ymresymu rhifyddol y Fframwaith Rhifedd Cenedlaethol. Mae pob llyfr yn addas i flwyddyn ysgol benodol ac yn cynnwys adnoddau y gellir eu llungopïo.

Mae datrys problemau yn rhan bwysig o'r cwricwlwm rhifedd ac mae rhifedd yn bwnc pwysig gan fod plant yn dysgu sgiliau sy'n eu galluogi i ddatrys problemau mewn agweddau eraill o'u bywydau. Nid yw'n ddigon gallu cyfrif, adnabod rhif a chyfrifo; mae ar blant angen gallu defnyddio sgiliau datrys problemau ochr yn ochr â gwybodaeth fathemategol i'w helpu i lwyddo mewn gwahanol sefyllfaoedd 'bywyd go iawn'. Nid yw llawer o'r sgiliau a'r strategaethau datrys problemau sydd eu hangen yn dod yn naturiol felly mae'n rhaid eu haddysgu.

Ni ddylai datrys problemau fod yn faes sy'n cael ei addysgu yn noeth ar ei ben ei hun ond mae'n un y dylid ei addysgu ochr yn ochr â meysydd mathemateg eraill megis rhif, siâp, gofod a mesurau. Bydd plant yn elwa o gael cyfleoedd i ddatrys problemau mewn meysydd eraill o'r cwricwlwm ac allan o'r dosbarth yn ogystal ag mewn gwersi penodol ar rifedd.

Pan yn addysgu plant i ddatrys problemau mae nifer o bwyntiau y dylid eu hystyried:

■ Dylai hyd y problemau amrywio yn dibynnu ar oedran y grŵp. Bydd plant yn elwa o gael problemau byr, canolig ac estynedig.

■ Dylai problemau ar un dudalen neu mewn un wers fod yn amrywiol fel nad yw'r plant yn cymryd yn ganiataol mai problemau 'lluosi' ydyn nhw, er enghraifft, ac felly yn lluosi'r rhifau maen nhw'n ei weld er mwyn cael yr atebion.

■ Mae'n rhaid i'r problemau amrywio o ran cymhlethdod: dylai bod rhai problemau un cam a rhai dau gam a dylai'r eirfa ym mhob problem fod yn wahanol.

■ Yn dibynnu ar oedran y plant gellid cyflwyno'r problemau ar lafar neu'n ysgrifenedig.

■ Pan yn gosod problemau ysgrifenedig i'w datrys efallai y bydd ar rai plant angen help i ddarllen y geiriau, er nad yw hyn o reidrwydd yn golygu y byddan nhw angen help i ateb y cwestiwn.

■ Dylai cyd-destun y broblem wneud synnwyr a bod yn berthnasol i'r plant. Dylai geisio eu hannog i ddod o hyd i'r ateb a bod o ddiddordeb iddyn nhw. Er enghraifft, dylid cynnwys ewros yn ogystal â phunnoedd.

Mae'r llyfr hwn wedi'i rannu'n dair pennod: 'Datblygu ymresymu rhifyddol', 'Datblygu ymresymu rhifyddol: Adnabod prosesau a chysylltiadau' a 'Defnyddio sgiliau rhif'. Mae pob pennod yn cynnwys chwe gwers, un i'w defnyddio bob hanner tymor.

Datblygu ymresymu rhifyddol

Mae'r llinyn 'Datblygu ymresymu rhifyddol' yn y Fframwaith Rhifedd Cenedlaethol yn nodi y dylai plant Blwyddyn 5 allu 'adnabod y camau a'r wybodaeth briodol sydd eu hangen er mwyn cwblhau'r dasg neu gyrraedd datrysiad.'

Yn y bennod hon mae'r pwyslais ar ddewis ac yna defnyddio'r gweithrediad cywir i ddatrys problem. Ym Mlwyddyn 5 mae plant yn datblygu eu sgiliau adio, tynnu, lluosi a rhannu a dylen nhw ddeall bod angen dulliau gwahanol i ddatrys gwahanol broblemau. Dylid eu hannog i wneud a chyfiawnhau penderfyniadau drwy ddewis y gweithrediadau addas i ddatrys problemau geiriau, penderfynu a yw cyfrifiadau yn gallu cael eu gwneud yn y pen neu gyda phapur a pensil, ac esbonio a chofnodi sut wnaethant ddatrys y broblem. Dylid rhoi'r cyfle i'r plant daclo problemau cymysg fel eu bod yn dysgu sut i feddwl yn agored a gwneud penderfyniad yn seiliedig ar yr eirfa a ddefnyddir a'r cwestiwn ei hun. Os nad yw plant yn cael dysgu'r sgiliau dewis hyn yna mae'n gyffredin iawn iddyn nhw dybio mai adio yw'r ffordd i ddod o hyd i ateb i gwestiwn gyda dau rif. Mae cymysgedd o gwestiynau yn y bennod hon a gall y bydd gofyn i'r plant ddefnyddio unrhyw un o'r pedwar gweithrediad. Mae'r cwestiynau wedi'u cynllunio i alluogi'r pant i ymarfer datrys problemau mewn amrywiaeth o gyddestunau perthnasol.

Mae'r amcanion datrys problemau yn gysylltiedig â'r gofynion a geir o dan y pennawd 'Adolygu'. Ar ôl dewis a defnyddio'r gweithrediad cywir gellid annog y plant i:

■ ddewis o blith ystod gynyddol o strategaethau gwirio er mwyn penderfynu a yw atebion yn rhesymol

■ dehongli atebion yng nghyd-destun y broblem ac ystyried a yw'r atebion yn synhwyrol, gan gynnwys yr hyn mae'r cyfrifiannell yn ei arddangos

■ defnyddio data i ddod i gasgliadau, a chydnabod y gall rhai casgliadau fod yn gamarweiniol neu'n ansicr.

Datblygu ymresymu rhifyddol: Adnabod prosesau a chysylltiadau

Yn ôl amcanion y Fframwaith Rhifedd Cenedlaethol dylai plant Blwyddyn 5 allu:

■ trosglwyddo sgiliau mathemategol i amrywiaeth o gyd-destunau a sefyllfaoedd bob dydd

■ adnabod y camau a'r wybodaeth briodol sydd eu hangen er mwyn cwblhau'r dasg neu gyrraedd datrysiad

■ dewis mathemateg a thechneg briodol i'w defnyddio

■ dewis a defnyddio offer ac unedau mesur addas

■ dewis strategaeth feddwl neu ysgrifenedig briodol a gwybod pryd mae'n briodol defnyddio cyfrifiannell

■ amcangyfrif a delweddu maint wrth fesur a defnyddio'r unedau cywir

© Catherine Yemm **Datrys Problemau Mathemateg – Blwyddyn 5**

- egluro canlyniadau a gweithdrefnau'n glir drwy ddefnyddio ieithwedd fathemategol
- mireinio dulliau anffurfiol o gofnodi cyfrifiadau ysgrifenedig, gan symud i ddulliau cyfrifo ffurfiol pan fyddant wedi datblygu digon i wneud hynny
- defnyddio nodiant, symbolau ac unedau mesur priodol
- dewis a llunio siartiau, diagramau a graffiau priodol a chanddynt raddfeydd addas.

Mae'r gweithgareddau yn y bennod hon yn gymysgedd o broblemau, posau a datganiadau. Mae gwersi 1, 3 a 5 yn ymwneud â siapiau, ac mae gwersi 2, 4 a 6 yn ymwneud â rhif. Pan geir datganiad megis ' Mae swm tri eilrif bob amser yn eilrif.', dylai'r plant gael eu hannog i roi enghreifftiau i brofi'r datganiad, er enghraifft 12 + 14 +26 = 52. Gall eraill fod yn gwestiynau mwy amlwg sydd ond angen ateb. Dylai'r athro geisio rhoi amser i siarad gyda'r plant tra'u bod yn gweithio er mwyn rhoi'r cyfle iddyn nhw i esbonio eu dulliau a'u rhesymu ar lafar ac i roi cyfle iddyn nhw ofyn cwestiynau megis 'Beth os…?' Bydd y sesiwn gloi ar ddiwedd y wers hefyd yn rhoi'r cyfle i wneud hyn.

Defnyddio sgiliau rhif

Mae 'Defnyddio sgiliau rhif 'y Fframwaith Rhifedd yn nodi y dylai plant Blwyddyn 5 allu:

Defnyddio ffeithiau rhif a'r berthynas rhwng rhifau
- darllen ac ysgrifennu rhifau hyd at 100 000
- cymharu degolion 1 lle degol a 2 le degol
- defnyddio strategaethau meddwl i alw tablau lluosi 2, 3, 4, 5, 6, 8 a 10 i gof a'u defnyddio i ddatrys problemau rhannu
- lluosi a rhannu rhifau a degolion â 10 a 100.

Ffracsiynau, degolion, canrannau a chymarebau
- defnyddio'r ddealltwriaeth o gywerthedd ffracsiynau a degolion syml wrth fesur a chyfrifo, e.e. $\frac{1}{2} = 0.5$, $\frac{1}{10} = 0.1$
- cyfrifo symiau ffracsiwn, e.e. $\frac{1}{8}$ o 24 = 3, felly $\frac{5}{8}$ o 24 = 15
- defnyddio strategaethau dyblu a haneru wrth weithio gyda chyfrannau syml.

Cyfrif yn y pen ac yn ysgrifenedig
- canfod gwahaniaethau rhwng rhifau ag 1 lle degol
- adio a thynnu rhifau 3 digid drwy ddefnyddio dull meddwl neu ysgrifenedig priodol.
- lluosi a rhannu rhifau 3 digid â rhif 1 digid.

Rheoli arian
- cymharu a rhoi eitemau mewn trefn o ran cost, hyd at £1 000
- adio a thynnu cyfansymiau llai na £100 drwy ddefnyddio'r nodiant cywir, e.e. £28.18 + £33.45
- cynllunio ac olrhain arian a chynilion drwy gadw cofnodion cywir
- deall bod cyllidebu yn bwysig.

Mae'r gweithgareddau yn y bennod hon yn 'broblemau geiriau'. Bwriedir i'r cyd-destunau fod yn realistig ac yn berthnasol i blant oedran Blwyddyn 5. Mae'r cwestiynau yn gofyn am weithrediadau adio, tynnu, lluosi a rhannu ac mae'r cwestiynau yn ymwneud ag arian, mesurau gan gynnwys amser, a sefyllfaoedd bob dydd.

Dylai'r athro geisio rhoi amser i siarad gyda'r plant tra'u bod yn gweithio er mwyn rhoi cyfle iddyn nhw esbonio eu dulliau a'u rhesymu ar lafar. Bydd y sesiwn gloi ar ddiwedd y wers hefyd yn rhoi'r cyfle i wneud hyn.

Mae'r gofynion datrys problemau yn gysylltiedig â'r gofynion a geir o dan y pennawd 'Amcangyfrif a gwirio'. Ar ôl dewis a defnyddio'r gweithrediad cywir dyid annog y plant i ddefnyddio dull i wirio eu hatebion, drwy ddefnyddio'r gweithrediad gwrthdro, drwy adio mewn trefn wahanol, drwy wirio gyda chyfrifiad cywerth, gwirio canlyniadau drwy amcangyfrifo, drwy dalgrynnu i'r 10 neu'r 1000 agosaf.

Y wers

Tasg ddechreuol
Gellir dechrau'r wers gyda thasg mathemateg pen 5-10 munud. Gall hyn olygu ymarfer sgil mathemateg pen penodol ar gyfer yr hanner tymor hwnnw neu yn ddelfrydol amcan sy'n gysylltiedig â'r problemau y bydd y plant yn eu datrys ym mhrif ran y wers. Er enghraifft, os yw'r problemau yn gofyn i'r plant i adio a thynnu yna byddai'n ddefnyddiol treulio 10 munud cyntaf y wers yn atgyfnerthu bondiau adio a thynnu a'r eirfa angenrheidiol.

Y prif weithgaredd addysgu a gweithgaredd y disgybl
Mae'r llyfr hwn yn ceisio darparu'r holl daflenni gwaith y bydd ar athro eu hangen i gyflwyno'r rhan hon o'r wers yn llwyddiannus. Mae tudalen gyntaf pob gwers yn rhoi enghreifftiau o broblemau sydd angen eu datrys. Bydd yr athro'n defnyddio'r daflen ateb wag i fynd drwy'r enghreifftiau gyda'r dosbarth cyn cyflwyno'r dosbarth i'r cwestiynau y gallan nhw eu gwneud eu hunain. Dylai'r athro ddangos sut i ddatrys y broblem gan ddefnyddio'r sgiliau sy'n berthnasol i allu'r plant yn y dosbarth, er enghraifft defnyddio lluniau, cownteri a llinellau rhif.

Unwaith y bydd y plant wedi gweld nifer o enghreifftiau byddan nhw'n barod i roi cynnig ar ddatrys cwestiynau eu hunain. O fewn pob gwers mae dewis o dair taflen waith wedi'u gwahaniaethu. Mae'r cwestiynau ar y taflenni gwaith yr un fath ond mae lefel cymhlethdod mathemategol yn amrwyio. Mae hyn yn sicrhau bod y cwestiynau wedi'u gwahaniaethu yn unol â gallu mathemategol y plentyn yn unig. Bydd hefyd yn sicrhau y gall pob plentyn gymryd rhan yr un pryd pan yn mynd drwy'r cwestiynau yn y sesiwn gloi. Er enghraifft, mewn cwestiwn sy'n cynnwys adio tri rhif efallai bydd rhaid i blant adio tri rhif gwahanol ond pan fydd yr athro yn eu tywys drwy'r cwestiwn bydd y ffaith mai adio sydd angen ei wneud i ddatrys y broblem yn un bwysig fydd yn cael ei hatgyfnerthu. Os ydy'r plant yn ateb cwestiynau hollol wahanol yna pan mae'r athro'n mynd drwy'r cwestiynau yn y sesiwn gloi bydd yn rhaid i rai grwpiau o blant eistedd yn llonydd gan nad oedd y cwestiwn hwn ganddyn nhw ar eu taflen. Os yw'r athro'n teimlo y byddai rhai plant yn gweld budd o gael cwestiynau haws neu anos yna gallan nhw newid y rhifau ar y taflenni i rai sy'n fwy addas.

© Catherine Yemm **Datrys Problemau Mathemateg – Blwyddyn 5**

Y sesiwn gloi

Un o'r pethau pwysig mewn datrys problemau ydy trafod sut y gellir eu datrys ac mae'r sesiwn gloi yn benthyg ei hun i hyn yn dda iawn. Ar ôl i'r plant orffen y problemau gellir defnyddio'r sesiwn gloi i:

- drafod yr eirfa a ddefnyddiwyd yn y problemau
- trafod sut gellir mynd ati i ddatrys y broblem
- torri problem yn gamau llai
- rhestru'r gweithrediadau a'r cyfrifiadau ddefnyddiwyd i ddatrys y broblem
- trafod a oes mwy nag un ffordd i ddatrys y broblem
- trafod sut gellir gwirio'r atebion
- rhoi gwybod beth ydy'r atebion i nifer o'r cwestiynau.

Cefnogaeth

Er gwaethaf eu gallu mathemategol bydd llawer o blant yr oedran hwn yn ei gweld yn anodd i ddarllen y cwestiynau a deall yr eirfa. Dylid rhoi cefnogaeth i'r plant hynny sydd ei angen i ddarllen fel eu bod yn cael y cyfle i ymarfer eu sgiliau mathemategol.

Gwaith ymestynnol

Efallai bydd angen ymestyn ymhellach y plant hynny sy'n gweld y gwaith yn eithaf hawdd. Yn ogystal â rhoi'r cwestiynau mwy heriol iddyn nhw gellid gofyn iddyn nhw wneud cwestiynau eu hunain a fydd yn cynnwys yr un gweithrediadau.

Adnoddau

Byddai'n ddefnyddiol, ar gyfer rhai cwestiynau, gwneud yn siwr bod yr adnoddau canlynol ar gael i'r plant:

- Llinellau rhif hyd at 100
- Dewis o siapiau 2D a 3D
- Darnau arian gwahanol
- Clociau analog gyda bysedd sy'n symud.

Atebion

Rydyn ni wedi darparu atebion lle'n bosib, ond mae sawl ateb i rai o'r cwestiynau neu mae rhai sydd angen trafodaeth dosbarth. Mae rhai cwestiynau yn gofyn i'r plant ddangos eu dealltwriaeth drwy wneud stori gyda'r rhifau a nodir, ac mae eraill yn ddatganiadau lle mae angen i'r plant ddangos eu dealltwriaeth drwy roi enghraifft sy'n cefnogi'r ffaith.

Bydd rhaid i mi _____

Byddaf yn defnyddio _____ i'm helpu

Yr ateb ydy _____

Bydd rhaid i mi _____

Byddaf yn defnyddio _____ i'm helpu

Yr ateb ydy _____

Bydd rhaid i mi _____

Byddaf yn defnyddio _____ i'm helpu

Yr ateb ydy _____

Datblygu ymresymu rhifyddol

Gweithgaredd dosbarth cyfan

Gwnewch stori rhif i adlewyrchu'r cyfrifiad:

624 + 228 = 852

Pa arwydd gweithrediad ydy*?
584 * 249 = 335

Sut gallwch chi wirio hyn?

Mae'r Pennaeth wedi prynu 268 pêl-droed newydd ar gyfer yr ysgol. Mae gan yr ysgol 12 dosbarth. Sawl pêl-droed fydd gan pob dosbarth? Fydd yna beli dros ben?

1. Beth ydy'r gwahaniaeth rhwng 58 a 192?

2. Mae Mam Jo yn defnyddio 8 afal i wneud 1 litr o sudd afal. Sawl litr fydd hi'n gallu ei wneud o 24 afal?

3. Mae trên yn dechrau ar daith gyda 152 teithiwr. Yn yr orsaf gyntaf mae 37 teithiwr yn gadael y trên. Yn yr ail orsaf mae dwywaith y nifer yna yn gadael. Sawl teithiwr sy'n aros ar y trên?

4. Mae'r ysgol yn dechrau am 9.05 am. Pa mor hwyr fydd Ravi os dydy e ddim yn cyrraedd tan 10.25 am?

5. Mae Natalie a Ryan yn chwarae cardiau. Mae Natalie yn sgorio 145 ac yna 84, ac mae Ryan yn sgorio 163 a 77. Beth ydy cyfanswm sgoriau'r ddau?

6. Mae'r teulu Thomas yn mynd ar wyliau. Mae 83 milltir o'u cartref i'w gwesty. Maen nhw wedi teithio tri chwarter y ffordd. Sawl milltir maen nhw wedi'u teithio?

7. Mae pwll padlo Ffion yn dal 18 litr o ddŵr. Mae ei bwced yn dal 1.5 litr. Sawl tro fydd rhaid iddi lenwi ei bwced i lenwi'r pwll padlo?

8. Dechreuodd Ela ddarllen llyfr Ddydd Llun. Darllenodd 32 tudalen. Darllenodd 27 tudalen arall Ddydd Mawrth. Sawl tudalen sydd ganddi yn weddill i'w darllen os oes 75 tudalen yn y llyfr?

Datblygu ymresymu rhifyddol

1.
Beth ydy'r gwahaniaeth rhwng 158 a 392?

2.
Mae Mam Jo yn defnyddio 8 afal i wneud 1 litr o sudd afal. Sawl litr fydd hi'n gallu ei wneud o 32 afal?

3.
Mae trên yn dechrau ar daith gyda 182 teithiwr. Yn yr orsaf gyntaf mae 37 teithiwr yn gadael y trên. Yn yr ail orsaf mae dwywaith y nifer yna yn gadael. Sawl teithiwr sy'n aros ar y trên?

4.
Mae'r ysgol yn dechrau am 9.05 am. Pa mor hwyr fydd Ravi os dydy e ddim yn cyrraedd tan 12.55 am?

5.
Mae Natalie a Ryan yn chwarae cardiau. Mae Natalie yn sgorio 245 ac yna 134, ac mae Ryan yn sgorio 263 a 127. Beth ydy cyfanwm sgoriau'r ddau?

6.
Mae'r teulu Thomas yn mynd ar wyliau. Mae 135 milltir o'u cartref i'w gwesty. Maen nhw wedi teithio tri chwarter y ffordd. Sawl milltir maen nhw wedi'u teithio?

7.
Mae pwll padlo Ffion yn dal 24 litr o ddŵr. Mae ei bwced yn dal 1.5 litr. Sawl tro fydd rhaid iddi lenwi ei bwced i lenwi'r pwll padlo?

8.
Dechreuodd Ela ddarllen llyfr Ddydd Llun. Darllenodd 62 tudalen. Darllenodd 47 tudalen arall Ddydd Mawrth. Sawl tudalen sydd ganddi yn weddill i'w darllen os oes 75 tudalen yn y llyfr?

1.

Beth ydy'r gwahaniaeth rhwng 358 a 892?

....

2.

Mae Mam Jo yn defnyddio 8 afal i wneud 1 litr o sudd afal. Sawl litr fydd hi'n gallu gwneud o 72 afal?

....

3.

Mae trên yn dechrau ar daith gyda 282 teithiwr. Yn yr orsaf gyntaf mae 87 teithiwr yn gadael y trên. Yn yr ail orsaf mae dwywaith y nifer yna yn gadael. Sawl teithiwr sy'n aros ar y trên?

....

4.

Mae'r ysgol yn dechrau am 9.05 am. Pa mor hwyr fydd Ravi os dydy e ddim yn cyrraedd tan 2.51 pm?

....

5.

Mae Natalie a Ryan yn chwarae cardiau. Mae Natalie yn sgorio 245 ac yna 334, ac mae Ryan yn sgorio 263 a 427. Beth ydy cyfanswm sgoriau'r ddau?

....

6.

Mae'r teulu Thomas yn mynd ar wyliau. Mae 198 milltir o'u cartref i'w gwesty. Maen nhw wedi teithio tri chwarter y ffordd. Sawl milltir maen nhw wedi'u teithio?

....

7.

Mae pwll padlo Ffion and dal 35 litr o ddŵr. Mae ei bwced yn dal 2.5 litr. Sawl tro fydd rhaid iddi lenwi ei bwced i lenwi'r pwll padlo?

....

8.

Dechreuodd Ela ddarllen llyfr Ddydd Llun. Darllenodd 132 tudalen. Darllenodd 127 tudalen arall Ddydd Mawrth. Sawl tudalen sydd ganddi yn weddill i'w darllen os oes 475 tudalen yn y llyfr?

Datblygu ymresymu rhifyddol

Enillodd Mrs Tandy £200 mewn cystadleuaeth chwilair. Penderfynodd roi 5% o'i henillion i'w 5 o wyrion. Faint o arian oedd ganddi i'w hun?

Aeth Neela i'r sinema i weld ffilm. Gorffennodd y ffilm am 21:37. Roedd y ffilm yn para 92 munud. Faint o'r gloch dechreuodd y ffilm?

Mae tancer petrol yn dod â 459 litr o betrol i'r garej fore Llun. Erbyn amser cinio mae dwy ran o dair o'r petrol wedi ei werthu. Faint sydd ar ôl?

www.brilliantpublications.co.uk
Gellir llungopïo'r dudalen hon gan y sefydliad sy'n prynu yn unig.

14 **Datrys Problemau Mathemateg – Blwyddyn 5** © Catherine Yemm

Gwers 2a

1. Yng nghornel ddarllen dosbarth 5 mae 9 silff lyfrau. Ar y dair silff uchaf mae 15 llyfr. Ar y 3 silff ganol mae 21 llyfr ac ar y 3 silff isaf mae 8 llyfr. Sawl llyfr sy'n y gornel ddarllen i gyd?

2. Os ydw i'n cynyddu 182 o 25, beth ydy'r rhif newydd?

3. Mae 12 siswrn mewn bocs. Os ydy ysgrifenyddes yr ysgol yn archebu 7 bocs, sawl siswrn newydd fydd yn cyrraedd yr ysgol?

4. Gwnewch stori rhif i adlewyrchu'r cyfrifiad:

   39 – 18 = 21

5. Mae Joseff yn prynu bag o foron sy'n pwyso 8kg a bag o datws sy'n pwyso 3 gwaith yn fwy. Beth ydy cyfanswm pwysau'r llysiau brynodd Joseff?

6. Mae Gethin a Lowri yn gwneud barcud. Mae gan Gethin ddarn o linyn sy'n 185cm mewn hyd ac mae e'n torri darn 1m a 15cm i wneud cynffon i'r barcud. Pa mor hir fydd cynffon barcud Lowri os ydy hi'n defnyddio'r llinyn sydd ar ôl?

7. Pa arwydd gweithrediad ydy * ?

   13 * 11 = 143

   Sut gallwch chi wirio hyn?

8. Mae rheolwr yr archfarchnad leol wedi addo rhannu unrhyw elw rhwng gweithwyr yr archfarchnad. Yn ystod y flwyddyn ddiwethaf gwnaeth y siop elw o £420. Os oes 35 gweithiwr yn yr archfarchnad, faint fydd pob gweithiwr yn ei gael?

© Catherine Yemm

Datrys Problemau Mathemateg – Blwyddyn 5   15

Datblygu ymresymu rhifyddol

1. Yng nghornel ddarllen dosbarth 5 mae 9 silff lyfrau. Ar y dair silff uchaf mae 25 llyfr. Ar y 3 silff ganol mae 31 llyfr ac ar y 3 silff isaf mae 18 llyfr. Sawl llyfr sy'n y gornel ddarllen i gyd?

2. Os ydw i'n cynyddu 182 o 56, beth ydy'r rhif newydd?

3. Mae 12 siswrn mewn bocs. Os ydy ysgrifenyddes yr ysgol yn archebu 11 bocs, sawl siswrn newydd fydd yn cyrraedd yr ysgol?

4. Gwnewch stori rhif i adlewyrchu'r cyfrifiad:

   634 − 89 = 545

5. Mae Joseff yn prynu bag o foron sy'n pwyso 16kg a bag o datws sy'n pwyso 3 gwaith yn fwy. Beth ydy cyfanswm pwysau'r llysiau brynodd Joseff?

6. Mae Gethin a Lowri yn gwneud barcud. Mae gan Gethin ddarn o linyn sy'n 240cm mewn hyd ac mae e'n torri darn 1m a 15cm i wneud cynffon i'r barcud. Pa mor hir fydd cynffon barcud Lowri os ydy hi'n defnyddio'r llinyn sydd ar ôl?

7. Pa arwydd gweithrediad ydy *?

   23 * 11 = 253

   Sut gallwch chi wirio hyn?

8. Mae rheolwr yr archfarchnad leol wedi addo rhannu unrhyw elw rhwng gweithwyr yr archfarchnad. Yn ystod y flwyddyn ddiwethaf gwnaeth y siop elw o £1085. Os oes 35 gweithiwr yn yr archfarchnad, faint fydd pob gweithiwr yn ei gael?

1. Yng nghornel ddarllen dosbarth 5 mae 9 silff lyfrau. Ar y dair silff uchaf mae 7 llyfr. Ar y 3 silff ganol mae 51 llyfr ac ar y 3 silff isaf mae 28 llyfr. Sawl llyfr sy'n y gornel ddarllen i gyd?

. . . .

2. Os ydw i'n cynyddu 182 o 86, beth ydy'r rhif newydd?

. . . .

3. Mae 12 siswrn mewn bocs. Os ydy ysgrifenyddes yr ysgol yn archebu 19 bocs, sawl siswrn newydd fydd yn cyrraedd yr ysgol?

. . . .

4. Gwnewch stori rhif i adlewyrchu'r cyfrifiad:

634 – 289 = 345

. . . .

5. Mae Joseff yn prynu bag o foron sy'n pwyso 28kg a bag o datws sy'n pwyso 3 gwaith yn fwy. Beth ydy cyfanswm pwysau'r llysiau brynodd Joseff?

. . . .

6. Mae Gethin a Lowri yn gwneud barcud. Mae gan Gethin ddarn o linyn sy'n 540cm mewn hyd ac mae e'n torri darn 3m a 15cm i wneud cynffon i'r barcud. Pa mor hir fydd cynffon barcud Lowri os ydy hi'n defnyddio'r llinyn sydd ar ôl?

. . . .

7. Pa arwydd gweithrediad ydy *?

43 * 11 = 473

Sut gallwch chi wirio hyn?

. . . .

8. Mae rheolwr yr archfarchnad leol wedi addo rhannu unrhyw elw rhwng gweithwyr yr archfarchnad. Yn ystod y flwyddyn ddiwethaf gwnaeth y siop elw o £1820. Os oes 35 gweithiwr yn yr archfarchnad, faint fydd pob gweithiwr yn ei gael?

Mae Mrs Potts wedi prynu bisgedi siocled i ystafell athrawon yr ysgol. Mae hi'n prynu paced o 50 ac erbyn amser cinio Dydd Llun mae 20% ohonyn nhw wedi eu bwyta. Faint o fisgedi sydd ar ôl?

Faint yn fwy na 892 ydy 1051?

Mae Joanne yn prynu afalau ar gyfer siop yr ysgol. Gallai hi brynu 30 afal unigol sy'n costio 32c yr un, neu gallai hi brynu 30 afal mewn bag am £8.40. Pa un fyddai'r rhataf, ac o faint?

1. Mae Laura yn mynd i nofio Ddydd Llun ac yn nofio am 1 awr a 10 munud. Os ydy hi'n mynd i mewn i'r pwll am 5.30pm, faint o'r gloch mae hi'n dod allan?

2. Pa arwydd gweithrediad ydy *?

   256 * 4 = 64

   Sut gallwch chi wirio eich ateb?

3. Mae gan faes parcio'r ysgol arwynebedd o $120m^2$. Os ydy 20 car yn gallu parcio yn y maes parcio, faint o arwynebedd mae un car yn ei orchuddio?

4. Yn y siop anifeiliaid leol mae 8 cwningen, 4 gerbil ac 1 genau-goeg. Sawl coes sydd ganddyn nhw rhyngddyn nhw?

5. Fel arfer, mae'r lori sy'n dod â nwyddau swyddfa i'r ysgol bob wythnos yn dod â 84kg o focsys. Y tro yma disgynodd focs yn pwyso 38.5kg oddi ar gefn y lori wrth iddi deithio. Beth oedd pwysau'r llwyth ddaeth i'r ysgol?

6. Mae Lleucu eisiau prynu beic newydd felly mae rhaid iddi gynilo ei harian poced. Mae'r siopwr yn gallu cadw'r beic iddi os ydy hi'n rhoi ernes o 50% iddo. Os ydy'r beic yn costio £84, faint o ernes fydd rhaid iddi ei dalu?

7. Gwnewch stori rhif gyda:

   32.8 x 11 = 360.8

8. Mae Casi yn helpu ei mam i dacluso ar ddiwedd ei pharti pen-blwydd. Roedd 20 o bobl yn ei pharti a gadawodd 3 ohonyn nhw 40ml o ddiod ffrwythau yn eu cwpanau a gadawodd 2 ohonyn nhw 30ml o ddiod yn eu cwpanau. Faint o ddiod oedd rhaid ei daflu i ffwrdd?

Gellir llungopïo'r dudalen hon gan y sefydliad sy'n prynu yn unig.

www.brilliantpublications.co.uk

© Catherine Yemm

Datrys Problemau Mathemateg – Blwyddyn 5   19

Datblygu ymresymu rhifyddol

1. Mae Laura yn mynd i nofio Ddydd Llun ac yn nofio am 2 awr a 25 munud. Os ydy hi'n mynd i mewn i'r pwll am 5.30pm, faint o'r gloch mae hi'n dod allan?

2. Pa arwydd gweithrediad ydy *?

448 * 7 = 64

Sut gallwch chi wirio eich ateb?

3. Mae gan faes parcio'r ysgol arwynebedd o $240m^2$. Os ydy 20 car yn gallu parcio yn y maes parcio, faint o arwynebedd mae un car yn ei orchuddio?

4. Yn y siop anifeiliaid leol mae 14 cwningen, 8 gerbil ac 2 genau-goeg. Sawl coes sydd ganddyn nhw rhyngddyn nhw?

5. Fel arfer, mae'r lori sy'n dod â nwyddau swyddfa i'r ysgol bob wythnos yn dod â 125kg o focsys. Disgynodd focs yn pwyso 38.5kg oddi ar gefn y lori wrth iddi deithio. Beth oedd pwysau'r llwyth ddaeth i'r ysgol?

6. Mae Lleucu eisiau prynu beic newydd felly mae rhaid iddi gynilo ei harian poced. Mae'r siopwr yn gallu cadw'r beic iddi os ydy hi'n rhoi ernes o 50% iddo. Os ydy'r beic yn costio £124, faint o ernes fydd rhaid iddi ei dalu?

7. Gwnewch stori rhif gyda:

32.8 x 22 = 721.6

8. Mae Casi yn helpu ei mam i dacluso ar ddiwedd ei pharti pen-blwydd. Roedd 20 o bobl yn ei pharti a gadawodd 5 ohonyn nhw 40ml o ddiod ffrwythau yn eu cwpanau a gadawodd 4 ohonyn nhw 30ml o ddiod yn ei cwpanau. Faint o ddiod oedd rhaid ei daflu i ffwrdd?

Gellir llungopïo'r dudalen hon gan y sefydliad sy'n prynu yn unig.

Datrys Problemau Mathemateg – Blwyddyn 5   © Catherine Yemm

1. Mae Laura yn mynd i nofio Ddydd Llun ac yn nofio am 3 awr a 25 munud. Os ydy hi'n mynd i mewn i'r pwll am 4.40pm, faint o'r gloch mae hi'n dod allan?

2. Pa arwydd gweithrediad ydy *?

   1088 * 17 = 64

   Sut gallwch chi wirio hyn?

3. Mae gan faes parcio'r ysgol arwynebedd o 360m^2. Os ydy 18 car yn gallu parcio yn y maes parcio, faint o arwynebedd mae un car yn ei orchuddio?

4. Yn y siop anifeiliaid leol mae 21 cwningen, 12 gerbil ac 8 genau-goeg. Sawl coes sydd ganddyn nhw rhyngddyn nhw?

5. Fel arfer, mae'r lori sy'n dod â nwyddau swyddfa i'r ysgol bob wythnos yn dod â 225kg o focsys. Disgynodd focs yn pwyso 78.5kg oddi ar gefn y lori wrth iddi deithio. Beth oedd pwysa'r llwyth ddaeth i'r ysgol?

6. Mae Lleucu eisiau prynu beic newydd felly mae rhaid iddi gynilo ei harian poced. Mae'r siopwr yn gallu cadw'r beic iddi os ydy hi'n rhoi ernes o 50% iddo. Os ydy'r beic yn costio £324, faint o ernes fydd rhaid iddi ei dalu?

7. Gwnewch stori rhif gyda:

   62.8 x 22 = 1381.6

8. Mae Casi yn helpu ei mam i dacluso ar ddiwedd ei pharti pen-blwydd. Roedd 20 o bobl yn ei pharti a gadawodd 9 ohonyn nhw 40ml o ddiod ffrwythau yn eu cwpanau a gadawodd 6 ohonyn nhw 30ml o ddiod yn eu cwpanau. Faint o ddiod oedd rhaid ei daflu i ffwrdd?

www.brilliantpublications.co.uk

Datblygu ymresymu rhifyddol

Gweithgaredd dosbarth cyfan

Cost tocyn i oedolyn i fynd i'r sŵ ydy £2.50. Mae plentyn yn cael mynd am hanner pris oedolyn. Faint fyddai hi'n ei gostio i 4 oedolyn a 4 plentyn ymweld â'r sŵ?

Mae gan y pwll nofio lleol falconïau ar ddwy ochr i adael pobl wylio'r nofwyr. Mae lle i 176 o bobl ar y balconi ar y chwith a lle i 83 ar y balconi ar y dde. Faint o bobl sy'n gallu gwylio'r nofwyr o'r balconïau?

Cyfanswm pwysau'r plant yn Nosbarth 5 ydy 625kg. Os oes 25 o blant yn y dosbarth, beth ydy pwysau pob plentyn yn Nosbarth 5, ar gyfartaledd?

Gellir llungopïo'r dudalen hon gan y sefydliad sy'n prynu yn unig.

© Catherine Yemm

1. Mae Holly eisiau mynd ar daith mewn balŵn ond mae rhaid iddi fod yn 12 mlwydd oed. Mae hi'n 11 ar hyn o bryd ac mae ei phen-blwydd hi ar 17eg Medi. Os ydy hi'n 22ain o Awst heddiw, faint bydd rhaid iddi aros cyn gaiff hi fynd ar daith balŵn?

2. Mae Dosbarth 5 yn gwneud cardiau gyda gleiniau (beads). Mae Mr Smith yn gofyn i James a Jivin i drefnu'r 150 glain (bead) yn ôl eu lliwiau. Sawl glain sydd ym mhob pentwr os ydyn nhw'n cael eu trefnu mewn pentyrrau hafal o leiniau melyn, coch, oren, glas, gwyrdd a gwyn?

3. Pa arwydd gweithrediad ydy *?

108 * 169 = 277

Sut gallwch chi wirio eich ateb?

4. Os ydy siop yr ysgol yn gwerthu 20 afal am 10 ceiniog yr un a 5 banana am 22 ceiniog yr un, faint o arian fydd y siop yn ei wneud?

5. Gwnewch stori rhif i adlewyrchu'r cyfrifiad:

$340 \div 8 = 42.5$

6. Mae rysáit teisen foron yn defnyddio 3.5 llwy de o olew. Faint o olew sydd ei angen ar gyfer 4 teisen foron?

7. Beth ydy cyfanswm 82, 66 a 103?

8. Mae 175 diwrnod tan bydd Megan yn mynd ar ei gwyliau. Mae 132 diwrnod tan ei phen-blwydd. Faint o ddyddiau ar ôl ei phen-blwydd fydd Megan yn mynd ar wyliau?

Gwers 4b

1. Mae Holly eisiau mynd ar daith mewn balŵn ond mae rhaid iddi fod yn 12 mlwydd oed. Mae hi'n 11 ar hyn o bryd ac mae ei phen-blwydd hi ar 17eg Medi. Os ydy hi'n 22ain o Orffennaf heddiw, faint bydd rhaid iddi aros cyn gaiff hi fynd ar daith balŵn?

2. Mae Dosbarth 5 yn gwneud cardiau gyda gleiniau (beads). Mae Mr Smith yn gofyn i James a Jivin i drefnu'r 270 glain (bead) yn ôl eu lliwiau. Sawl glain sydd ym mhob pentwr os ydyn nhw'n cael eu trefnu mewn pentyrrau hafal o leiniau melyn, coch, oren, glas, gwyrdd a gwyn?

3. Pa arwydd gweithrediad ydy *?

   408 * 169 = 577

   Sut gallwch chi wirio eich ateb?

4. Os ydy siop yr ysgol yn gwerthu 30 afal am 10 ceiniog yr un a 15 banana am 22 ceiniog yr un, faint o arian fydd y siop yn ei wneud?

5. Gwnewch stori rhif i adlewyrchu'r cyfrifiad:

   548 ÷ 8 = 68.5

6. Mae rysáit teisen foron yn defnyddio 6.25 llwy de o olew. Faint o olew sydd ei angen ar gyfer 4 teisen foron?

7. Beth ydy cyfanswm 142, 66 a 203?

8. Mae 217 diwrnod tan bydd Megan yn mynd ar ei gwyliau. Mae 132 diwrnod tan ei phen-blwydd. Faint o ddyddiau ar ôl ei phen-blwydd fydd Megan yn mynd ar wyliau?

Datrys Problemau Mathemateg – Blwyddyn 5 © Catherine Yemm

1. Mae Holly eisiau mynd ar daith mewn balŵn ond mae rhaid iddi fod yn 12 mlwydd oed. Mae hi'n 11 ar hyn o bryd ac mae ei phen-blwydd hi ar 17eg Medi. Os ydy hi'n 22ain o Ebrill heddiw, faint bydd rhaid iddi aros cyn gaiff hi fynd ar daith balŵn?

2. Mae Dosbarth 5 yn gwneud cardiau gyda gleiniau (beads). Mae Mr Smith yn gofyn i James a Jivin i drefnu'r 540 glain (bead) yn ôl eu lliwiau. Sawl glain sydd ym mhob pentwr os ydyn nhw'n cael eu trefnu mewn pentyrrau hafal o leiniau melyn, coch, oren, glas, gwyrdd a gwyn?

3. Pa arwydd gweithrediad ydy *?

608 * 269 = 877

Sut gallwch chi wirio eich ateb?

4. Os ydy siop yr ysgol yn gwerthu 30 afal am 13 ceiniog yr un a 15 banana am 27 ceiniog yr un, faint o arian fydd y siop yn ei wneud?

5. Gwnewch stori rhif i adlewyrchu'r cyfrifiad:

676 ÷ 8 = 84.5

6. Mae rysáit teisen foron yn defnyddio 9.35 llwy de o olew. Faint o olew sydd ei angen ar gyfer 4 teisen foron?

7. Beth ydy cyfanswm 242, 166 a 303?

8. Mae 317 diwrnod tan bydd Megan yn mynd ar ei gwyliau. Mae 132 diwrnod tan ei phen-blwydd. Faint o ddyddiau ar ôl ei phen-blwydd fydd Megan yn mynd ar wyliau?

Gellir llungopïo'r dudalen hon gan y sefydliad sy'n prynu yn unig.

© Catherine Yemm

www.brilliantpublications.co.uk

Datrys Problemau Mathemateg – Blwyddyn 5 25

Datblygu ymresymu rhifyddol

Prynodd Tegan lyfr newydd am £6.20. Talodd gyda phapur £10 ond roedd rhaid i'r siopwr roi'r newid mewn darnau 20 ceiniog yn unig. Sawl darn 20 ceiniog oedd yn y newid?

Mae Elen yn mynd i'r gwely am 6.50 nos Wener and mae hi'n dihuno am 7.17 fore Sadwrn. Faint o gwsg gafodd hi?

Mae gwahaniaeth o 2 fis a 4 diwrnod rhwng oedran Harri a Sanjeev. Os ydy pen blwydd Harri ar 3ydd Ionawr a fe ydy'r hynaf, pryd mae pen-blwydd Sanjeev?

Allwch chi weithio allan pryd mae pen-blwydd Sanjeev os mai e oedd yr hynaf?

1. Ar Ddydd Llun mae'r dyn llaeth yn gadael 2 beint o laeth ar stepen drws tai eilrif rhwng rhifau 46 a 56. Ar stepen drws pob tŷ odrif rhwng 51 a 73 mae e'n gadael 3 pheint o laeth. Faint o laeth mae e'n dosbarthu ar y diwrnod yma?

2. Adiwch rif at 284. Yr ateb ydy 342. Beth ydy'r rhif?

3. Mae Siwan yn mynd ar wyliau. Mae ei chês yn pwyso 23.4kg. Y cyfyngiad pwysau ar gyfer cesys ar awyren ydy 12.2kg. Faint o bwysau dros y cyfyngiad ydy cês Siwan?

4. Pa arwydd gweithrediad ydy *?

33.25 * 25.43 = 7.82

Sut gallwch chi wirio eich ateb?

5. Am hanner dydd, mae hi'n 16.4° yn y dref. Gyda'r nos mae'r tymheredd yn gostwng 21°. Beth ydy'r tymheredd gyda'r nos?

6. Mae gan Rani neidr fel anifail anwes. Ar hyn o bryd mae'r neidr yn 54cm o hyd. Gall dyfu i fod yn 6 gwaith yn fwy. Pa mor hir gall y neidr fod ar ôl iddi dyfu i'w maint llawn?

7. Gwnewch stori rhif i adlewyrchu'r cyfrifiad:

45.2 x 3 = 135.6

8. Mae Sam yn prynu lolipop am 45 ceiniog a dau hufen iâ sy'n costio £1.20 yr un. Faint mae e'n ei wario?

Gellir llungopio'r dudalen hon gan y sefydliad sy'n prynu yn unig.

www.brilliantpublications.co.uk

© Catherine Yemm

Datrys Problemau Mathemateg – Blwyddyn 5   27

Gwers 5b

1. Ar Ddydd Llun mae'r dyn llaeth yn gadael 4 peint o laeth ar stepen drws tai eilrif rhwng rhifau 46 a 56. Ar stepen drws pob tŷ odrif rhwng 51 a 73 mae e'n gadael 3 pheint o laeth. Faint o laeth mae e'n dosbarthu ar y diwrnod yma?

2. Adiwch rif at 484. Yr ateb ydy 602. Beth ydy'r rhif?

3. Mae Siwan yn mynd ar wyliau. Mae ei chês yn pwyso 25.4kg. Y cyfyngiad pwysau ar gyfer cesys ar awyren ydy 15.0kg. Faint o bwysau dros y cyfyngiad ydy cês Siwan?

4. Pa arwydd gweithrediad ydy *?

   63.25 * 25.43 = 37.82

   Sut gallwch chi wirio eich ateb?

5. Am hanner dydd, mae hi'n 26.4° yn y dref. Gyda'r nos mae'r tymheredd yn gostwng 31.2°. Beth ydy'r tymheredd gyda'r nos?

6. Mae gan Rani neidr fel anifail anwes. Ar hyn o bryd mae'r neidr yn 54cm o hyd. Gall dyfu i fod yn 8 gwaith yn fwy. Pa mor hir gall y neidr fod ar ôl iddi dyfu i'w maint llawn?

7. Gwnewch stori rhif i adlewyrchu'r cyfrifiad:

   45.2 x 6 = 271.2

8. Mae Sam yn prynu 3 lolipop am 45 ceiniog a 2 hufen iâ sy'n costio £1.20 yr un. Faint mae e'n wario?

1.

Ar Ddydd Llun mae'r dyn llaeth yn gadael 4 peint o laeth ar stepen drws tai eilrif rhwng rhifau 46 a 56. Ar stepen drws pob tŷ odrif rhwng 51 a 73 mae e'n gadael 6 pheint o laeth. Faint o laeth mae e'n dosbarthu ar y diwrnod yma?

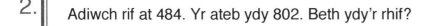

2.

Adiwch rif at 484. Yr ateb ydy 802. Beth ydy'r rhif?

3.

Mae Siwan yn mynd ar wyliau. Mae ei chês yn pwyso 35.4kg. Y cyfyngiad pwysau ar gyfer cesys ar awyren ydy 20.6kg. Faint o bwysau dros y cyfyngiad ydy cês Siwan?

4.

Pa arwydd gweithrediad ydy *?

93.25 * 25.43 = 67.82

Sut gallwch chi wirio eich ateb?

5.

Am hanner dydd, mae hi'n 36.4 ° yn y dref. Gyda'r nos mae'r tymheredd yn gostwng 47.2 °. Beth ydy'r tymheredd gyda'r nos?

6.

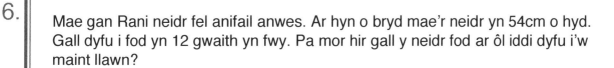

Mae gan Rani neidr fel anifail anwes. Ar hyn o bryd mae'r neidr yn 54cm o hyd. Gall dyfu i fod yn 12 gwaith yn fwy. Pa mor hir gall y neidr fod ar ôl iddi dyfu i'w maint llawn?

7.

Gwnewch stori rhif i adlewyrchu'r cyfrifiad:

45.2 x 8 = 361.6

8.

Mae Sam yn prynu 6 lolipop am 45 ceiniog a 7 hufen iâ sy'n costio £1.20 yr un. Faint mae e'n wario?

Datrys Problemau Mathemateg – Blwyddyn 5

Datblygu ymresymu rhifyddol

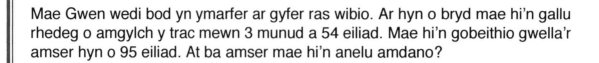

Mae Gwen wedi bod yn ymarfer ar gyfer ras wibio. Ar hyn o bryd mae hi'n gallu rhedeg o amgylch y trac mewn 3 munud a 54 eiliad. Mae hi'n gobeithio gwella'r amser hyn o 95 eiliad. At ba amser mae hi'n anelu amdano?

Mae Cai wedi cael £58.75 ar ei ben-blwydd. Mae e'n prynu bag newydd am £5.40 a phâr newydd o esgidiau chwaraeon am £28.80. Faint o arian pen-blwydd sydd ganddo dros ben?

Fel arfer, mae'r swyddfa bost leol yn gwerthu 534 stamp dosbarth cyntaf bob wythnos. Yn ystod y Nadolig mae'r gwerthiant yma yn dyblu. Sawl stamp allai gael ei werthu yn ystod y Nadolig?

Datrys Problemau Mathemateg – Blwyddyn 5

© Catherine Yemm

1. Mae Aled yn prynu 2 focs o losin sy'n cynnwys 120 losin yr un a 2 focs o losin sy'n cynnwys 75 losin yr un. Os ydy pob losin yn costio 2 geiniog yr un, beth fydd y cyfanswm?

2. Gwnewch stori rhif i adlewyrchu'r cyfrifiad:

456 − 163 = 293

3. Mae'r patio yng ngardd Ben yn 1 metr a 45 centimetr o hyd. Mae tad Ben yn mynd i ymestyn y patio o 208cm. Beth fydd hyd y patio wedyn?

4. Mae gwersyll yn codi £13 y babell, £2 y car, £3.50 yr oedolyn a £2.20 y plentyn am benwythnos. Faint fydd e'n costio i 2 deulu gyda 2 riant a 2 blentyn i wersylla os ydyn nhw'n mynd yn eu ceir eu hunain ond yn rhannu pabell?

5. Pa dri rhif allai gael cyfanswm o 172?

6. Mae'r becws lleol yn rhoi ei fara dros ben i dri caffi lleol. Ar Ddydd Sadwrn roedd gan y becws 65 o roliau bara, 49 byn Chelsea a 72 torth Ffrengig dros ben. Os ydy'r becws yn rhoi yr un faint o eitemau i bob caffi, faint dderbyniodd pob un?

7. Pa arwydd gweithrediad ydy *?

25 * 6 = 150

Sut gallwch chi wirio hyn?

8. Mae'r pwll yng ngardd Tesni yn dal 135 litr o ddŵr. Yn yr haf, mae 67 litr yn anweddu yn y tywydd poeth. Faint o ddŵr sydd ar ôl yn y pwll?

Datblygu ymresymu rhifyddol

1. Mae Aled yn prynu 3 bocs o losin sy'n cynnwys 120 losin yr un a 4 bocs o losin sy'n cynnwys 75 losin yr un. Os ydy pob losin yn costio 3 ceiniog yr un, beth fydd y cyfanswm?

2. Gwnewch stori rhif i adlewyrchu'r cyfrifiad:

   656 − 163 = 493

3. Mae'r patio yng ngardd Ben yn 3 metr a 45 centimetr o hyd. Mae tad Ben yn mynd i ymestyn y patio o 208cm. Beth fydd hyd y patio wedyn?

4. Mae gwersyll yn codi £23 y babell, £3 y car, £6.50 yr oedolyn a £3.20 y plentyn am benwythnos. Faint fydd e'n costio i 2 deulu gyda 2 riant a 2 blentyn i wersylla os ydyn nhw'n mynd yn eu ceir eu hunain ond yn rhannu pabell?

5. Pa dri rhif allai gael cyfanswm o 372?

6. Mae'r becws lleol yn rhoi ei fara dros ben i dri caffi lleol. Ar Ddydd Sadwrn roedd gan y becws 128 o roliau bara, 81 byn Chelsea a 67 torth Ffrengig dros ben. Os ydy'r becws yn rhoi yr un faint o eitemau i bob caffi, faint dderbyniodd pob un?

7. Pa arwydd gweithrediad ydy *?

   25 * 9 = 225

   Sut gallwch chi wirio hyn?

8. Mae'r pwll yng ngardd Tesni yn dal 267 litr o ddŵr. Yn yr haf, mae 131 litr yn anweddu yn y tywydd poeth. Faint o ddŵr sydd ar ôl yn y pwll?

Datrys Problemau Mathemateg – Blwyddyn 5

1. Mae Aled yn prynu 4 bocs o losin sy'n cynnwys 120 losin yr un a 5 bocs o losin sy'n cynnwys 75 losin yr un. Os ydy pob losin yn costio 4 ceiniog yr un, beth fydd y cyfanswm?

2. Gwnewch stori rhif i adlewyrchu'r cyfrifiad:

   856 – 263 = 593

3. Mae'r patio yng ngardd Ben yn 3 metr a 45 centimetr o hyd. Mae tad Ben yn mynd i ymestyn y patio o 375cm. Beth fydd hyd y patio wedyn?

4. Mae gwersyll yn codi £32.50 y babell, £4 y car, £4.50 yr oedolyn a £2.60 y plentyn am benwythnos. Faint fydd e'n costio i 2 deulu gyda 2 riant a 2 blentyn i wersylla os ydyn nhw'n mynd yn eu ceir eu hunain ond yn rhannu pabell?

5. Pa dri rhif allai gael cyfanswm o 572?

6. Mae'r becws lleol yn rhoi ei fara dros ben i dri caffi lleol. Ar Ddydd Sadwrn roedd gan y becws 165 o roliau bara, 149 byn Chelsea a 70 torth Ffrengig dros ben. Os ydy'r becws yn rhoi yr un faint o eitemau i bob caffi, faint dderbyniodd pob un?

7. Pa arwydd gweithrediad ydy *?

   25 * 15 = 375

   Sut gallwch chi wirio hyn?

8. Mae'r pwll yng ngardd Tesni yn dal 335 litr o ddŵr. Yn yr haf, mae 167 litr yn anweddu yn y tywydd poeth. Faint o ddŵr sydd ar ôl yn y pwll?

Sawl sgwâr welwch chi?

Os ydy hyd ciwb yn 5cm, pa mor bell gallai'r perimedr o amgylch rhwyd y ciwb fod?

Pa lythyren yn y wyddor sydd â'r nifer fwyaf o linellau cymesuredd?

www.brilliantpublications.co.uk   Gellir llungopio'r dudalen hon gan y sefydliad sy'n prynu yn unig.

34   **Datrys Problemau Mathemateg – Blwyddyn 5**   © Catherine Yemm

1. Oes gan rwyd prism triongl fwy o onglau sgwâr na rhwyd ciwboid?

2. Sawl sgwâr sydd ei angen i wneud sgwâr dwywaith y maint hwn?

3. Pa siapiau byddech chi eu hangen i wneud model 3D o giwb?

4. Lluniadwch siâp gyda 2 linell cymesuredd.

5. Mae pedair llinell yn llunio sgwâr. Sawl sgwâr allwch chi wneud gydag 8 llinell?

6. Lluniadwch ac enwch siâp 3D sydd â mwy na 4 ymyl.

7. Pa siâp sydd â'r nifer mwyaf o ymylon – ciwb neu silindr?

8. Sawl llinell cymesuredd sydd yn yr enw **TYWI**.

www.brilliantpublications.co.uk
Datrys Problemau Mathemateg – Blwyddyn 5

Gwers 1b

1. Oes gan rwyd prism hecsagonol fwy o onglau sgwâr na rhwyd pentagonol?

2. Sawl sgwâr sydd ei angen i wneud sgwâr 4 gwaith y maint hwn?

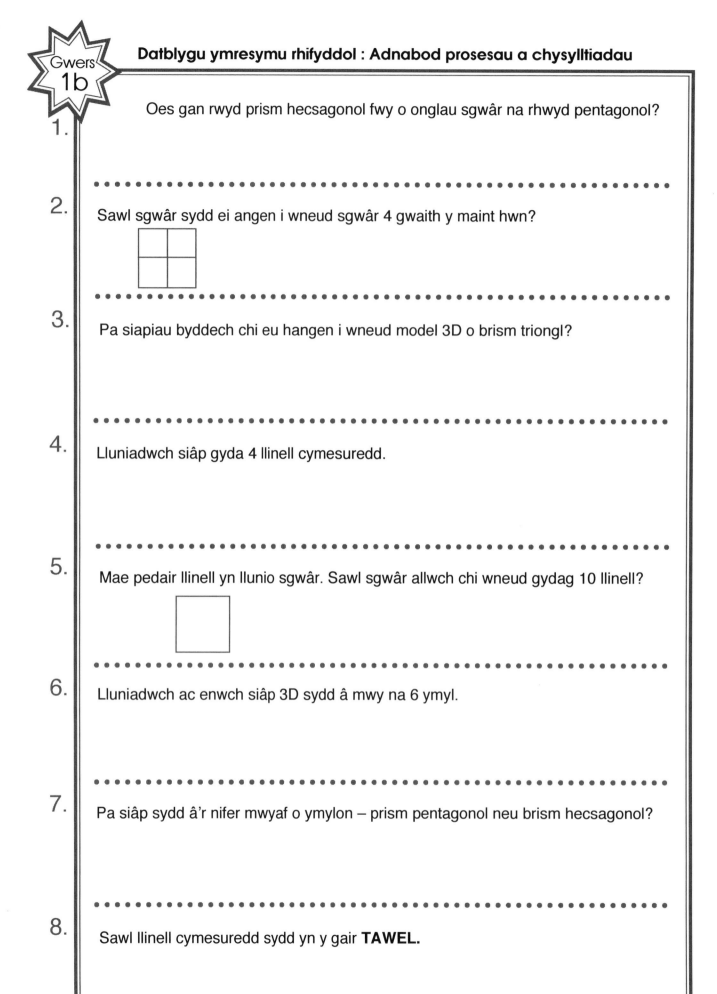

3. Pa siapiau byddech chi eu hangen i wneud model 3D o brism triongl?

4. Lluniadwch siâp gyda 4 llinell cymesuredd.

5. Mae pedair llinell yn llunio sgwâr. Sawl sgwâr allwch chi wneud gydag 10 llinell?

6. Lluniadwch ac enwch siâp 3D sydd â mwy na 6 ymyl.

7. Pa siâp sydd â'r nifer mwyaf o ymylon – prism pentagonol neu brism hecsagonol?

8. Sawl llinell cymesuredd sydd yn y gair **TAWEL**.

www.brilliantpublications.co.uk   Gellir llungopio'r dudalen hon gan y sefydliad sy'n prynu yn unig.

36   **Datrys Problemau Mathemateg – Blwyddyn 5**   © Catherine Yemm

1. Oes gan rwyd prism hecsagonol fwy o onglau sgwâr na rhwyd prism heptagonol?

....

2. Sawl sgwâr sydd ei angen i wneud sgwâr 8 gwaith y maint hwn?

....

3. Pa siapiau byddech chi eu hangen i wneud model 3D o brism hecsagonol?

....

4. Lluniadwch siâp gyda 4 llinell cymesuredd.

....

5. Mae pedair llinell yn llunio sgwâr. Sawl sgwâr allwch chi wneud gydag 15 llinell?

....

6. Lluniadwch ac enwch siâp 3D sydd â mwy nag 8 ymyl.

....

7. Pa siâp sydd â'r nifer mwyaf o ymylon – prism pentagonol neu brism octagon?

....

8. Sawl llinell cymesuredd sydd yn y gair **MOCHYN.**

Gellir llungopïo'r dudalen hon gan y sefydliad sy'n prynu yn unig.

www.brilliantpublications.co.uk

© Catherine Yemm

Datrys Problemau Mathemateg – Blwyddyn 5   37

Datblygu ymresymu rhifyddol : Adnabod prosesau a chysylltiadau

Gweithgaredd dosbarth cyfan

Ysgrifennwch esiampl i brofi'r datganiad yma:
"Mae lluosrif o 8 yn luosrif o 4 a lluosrif o 2 hefyd."

Esboniwch sut fyddech chi'n cyfrifo:

5008 − 4993

Esboniwch sut fyddech chi'n cyfrifo arwynebedd petryal.

Gellir llungopïo'r dudalen hon gan y sefydliad sy'n prynu yn unig.

© Catherine Yemm

Gwers
2a

1.

Ysgrifennwch esiampl i brofi'r datganiad yma:
'Bydd maint unrhyw ongl ar linell syth yn 180° minws yr ongl arall.'

2.

Canfyddwch 2 rif dilynol gyda lluoswm o 110.

3.

Esboniwch sut fyddech chi'n cyfrifo:

138 ÷ 23

4.

Ysgrifennwch esiampl i brofi'r datganiad yma:
'Os ydych chi'n tynnu rhif mwy o rif llai cewch rif negyddol.'

5.

Pa rif 2 ddigid, sy'n luosrif o 5, sydd â rhif digid degau a rhif digid unedau, sydd, o'i ychwanegu at ei gilydd yn gwneud 3?

6.

Esboniwch sut fyddech chi'n cyfrifo :

13 x 12

7.

Ysgrifennwch esiampl i brofi'r datganiad yma:
'Arwynebedd sgwâr ydy hyd ochr wedi ei luosi â'i hun.'

8.

Canfyddwch 3 ffordd i gwblhau

www.brilliantpublications.co.uk
Datrys Problemau Mathemateg – Blwyddyn 5   39

Gwers 2b

1.   Ysgrifennwch esiampl i brofi'r datganiad hwn:
'Bydd maint ongl tu mewn i bedrochr yn 360° minws swm y 3 ongl arall.'

2.   Canfyddwch 2 rif dilynol gyda lluoswm o 240.

3.   Esboniwch sut fyddech chi'n cyfrifo:

253 ÷ 23

4.   Ysgrifennwch esiampl i brofi'r datganiad hwn:
'Os ydych chi'n tynnu rhif mwy o rif llai cewch rif negyddol.'

5.   Pa rif 2 ddigid, sy'n luosrif o 8, sydd â rhif digid degau sy'n hanner y rhif digid unedau?

6.   Esboniwch sut fyddech chi'n cyfrifo :

18 x 12

7.   Ysgrifennwch esiampl i brofi'r datganiad hwn:
'Arwynebedd petryal ydy ei hyd wedi ei luosi â'i led.'

8.   Canfyddwch 3 ffordd i gwblhau

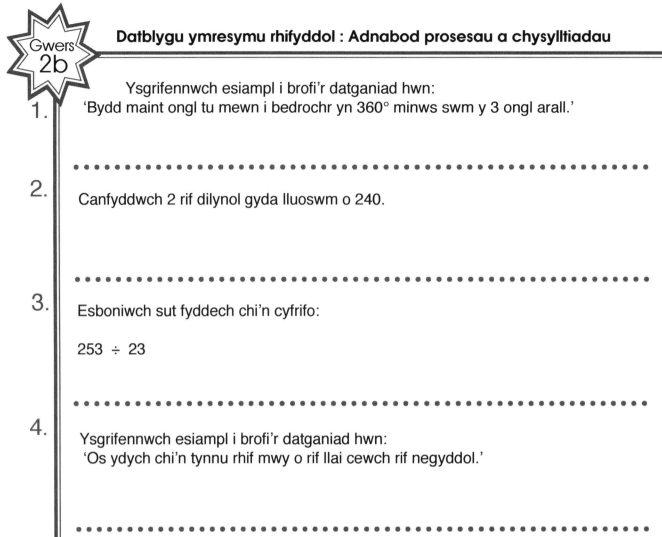

○ + □ + △ = 1.25

www.brilliantpublications.co.uk   Gellir llungopio'r dudalen hon gan y sefydliad sy'n prynu yn unig.

40   **Datrys Problemau Mathemateg – Blwyddyn 5**   © Catherine Yemm

Gwers 2c

1. Ysgrifennwch esiampl i brofi'r datganiad hwn:
'Bydd maint unrhyw ongl tu mewn i bentagon yn 540° minws swm y pedair ongl arall.'

. . . .

2. Canfyddwch 2 rif dilynol gyda lluoswm o 342.

. . . .

3. Esboniwch sut fyddech chi'n cyfrifo:

483 ÷ 23

. . . .

4. Ysgrifennwch esiampl i brofi'r datganiad hwn:
'Os ydych chi'n tynnu rhif mwy o rif llai cewch chi rif negyddol.'

. . . .

5. Pa rif 2 ddigid, sy'n luosrif o 12, sydd â rhif digid degau sy'n 3 yn fwy na'r rhif digid unedau?

. . . .

6. Esboniwch sut fyddech chi'n cyfrifo:
28 x 12

. . . .

7. Ysgrifennwch esiampl i brofi'r datganiad hwn:
'Arwynebedd triongl ongl sgwâr ydy hanner y hyd wedi ei luosi â'r lled.'

. . . .

8. Canfyddwch 3 ffordd i gwblhau

◯ + □ + △ = 2.05

Datblygu ymresymu rhifyddol : Adnabod prosesau a chysylltiadau

Gwers 3

Os mai hwn ydy dwy ran o dair o'r patrwm, sut gallai'r patrwm edrych?

Rhannwch y siâp hwn yn ei hanner. A ellir gwneud hyn fwy na 5 gwaith?

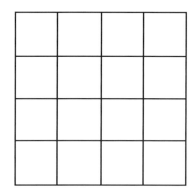

Os ydy perimedr pentagon rheolaidd yn 50cm o hyd, pa mor hir ydy pob ochr?

1. Sawl wyneb yn fwy sydd gan brism pentagonol na phrism ciwboid?

2. Sawl ciwb sydd ei angen i wneud un sy'n 4 ciwb o led?

3. Pa siapiau fyddech chi eu hangen i wneud model 3D o byramid â gwaelod triongl?

4. Mae darn o bapur sgwâr gyda chi. Beth ydy'r nifer lleiaf o doriadau y mae'n rhaid i chi eu gwneud i droi'r sgwâr yn bentagon?

5. Lluniadwch ac enwch ffurf 3D sydd â mwy na 4 wyneb.

6. Lluniadwch bum sgwâr ar ffurf croes. Sawl llinell cymesuredd sydd? Tynnwch y llinellau ar y papur.

7. Faint o'r gloch gallai hi fod os ydy'r bysedd ar gloc analog ar ongl sgwâr?

8. Sawl petryal o wahanol ffurfiau allwch chi ei wneud gyda 12 ciwb?

www.brilliantpublications.co.uk

Gwers 3b

1. Sawl wyneb yn fwy sydd gan brism heptagonol na phrism hecsagonol?

2. Sawl ciwb sydd ei angen i wneud un sy'n 8 ciwb o led?

3. Pa siapiau fyddech chi eu hangen i wneud model 3D o byramid â gwaelod sgwâr?

4. Mae darn o bapur sgwâr gyda chi. Beth ydy'r nifer lleiaf o doriadau y mae'n rhaid i chi eu gwneud i droi'r sgwâr yn hecsagon?

5. Lluniadwch ac enwch ffurf 3D sydd â mwy na 6 wyneb.

6. Lluniadwch naw sgwâr ar ffurf croes. Sawl llinell cymesuredd sydd? Tynnwch y llinellau ar y papur.

7. Faint o'r gloch gallai hi fod os ydy'r bysedd ar gloc analog ar ongl 180°?

8. Sawl petryal o wahanol ffurfiau allwch chi ei wneud gyda 18 ciwb?

1. Sawl wyneb yn fwy sydd gan brism octagon na phrism hecsagonol?

2. Sawl ciwb sydd ei angen i wneud un sy'n 10 ciwb o led?

3. Pa siapiau fyddech chi eu hangen i wneud model 3D o byramid â gwaelod pentagonol?

4. Mae darn o bapur sgwâr gyda chi. Beth ydy'r nifer lleiaf o doriadau y mae'n rhaid i chi eu gwneud i droi'r sgwâr yn octagon?

5. Lluniadwch ac enwch ffurf 3D sydd â mwy na 7 wyneb.

6. Lluniadwch 13 sgwâr ar ffurf croes. Sawl llinell cymesuredd sydd? Tynnwch y llinellau ar y papur.

7. Faint o'r gloch gallai hi fod os ydy'r bysedd ar gloc analog yn dangos ongl o 60°?

8. Sawl petryal o wahanol ffurfiau allwch chi ei wneud gyda 24 ciwb?

Gellir llungopïo'r dudalen hon gan y sefydliad sy'n prynu yn unig.

© Catherine Yemm

www.brilliantpublications.co.uk

Datrys Problemau Mathemateg – Blwyddyn 5   45

Datblygu ymresymu rhifyddol : Adnabod prosesau a chysylltiadau

Gweithgaredd dosbarth cyfan

Canfyddwch 3 rhif dilynol gyda chyfanswm o 198.

Esboniwch sut fyddech chi'n cyfrifo:

$1/6$ o 318

Ysgrifennwch esiampl i brofi'r datganiad hwn:

'Os ydych chi'n lluosi rhif cyfan â 100 rydych chi'n ei symud dau ddigid i'r chwith.'

www.brilliantpublications.co.uk
46 **Datrys Problemau Mathemateg – Blwyddyn 5**
© Catherine Yemm

1. Beth allai'r digidau ar goll fod?

   5** ÷ ** = 32

2. Ysgrifennwch esiampl i brofi'r datganiad hwn:
   'Bydd lluoswm dau rif, lle mae un yn gorffen gyda 0, yn rhoi ateb sy'n gorffen gyda 0.'

3. Pa dri rhif allech chi adio i wneud 500?

4. Ysgrifennwch esiampl i brofi'r datganiad hwn:
   'Mae gan siâp rheolaidd gyda mwy na 4 ochr fwy na 4 llinell cymesuredd.'

5. Esboniwch sut fyddech chi'n cyfrifo:

   200 x 50

6. Dyma reol: 'Dyblwch y rhif dilynol nesaf ac adiwch 3'. Gan ddechrau ar 1, beth fydd y 6 rhif nesaf?

7. Ysgrifennwch esiampl i brofi'r datganiad hwn:
   'Os adiwch chi 2 eilrif a 2 odrif gyda'i gilydd cewch ateb eilrif.'

8. Esboniwch sut fyddech chi'n cyfrifo:

   29 x 40

Datblygu ymresymu rhifyddol : Adnabod prosesau a chysylltiadau

1. Beth allai'r digidau ar goll fod?

   8** ÷ ** = 32

2. Ysgrifennwch esiampl i brofi'r datganiad hwn:
   'Bydd lluoswm tri rhif, lle mae un yn gorffen gyda 0, yn rhoi ateb sy'n gorffen gyda 0.'

3. Pa dri rhif allech chi adio i wneud 1000?

4. Ysgrifennwch esiampl i brofi'r datganiad hwn:
   'Mae gan siâp rheolaidd gyda mwy na 5 ochr fwy na 5 llinell cymesuredd.'

5. Esboniwch sut fyddech chi'n cyfrifo:

   600 x 50

6. Dyma reol: 'Dyblwch y rhif dilynol nesaf ac adiwch 5'. Gan ddechrau ar 1, beth fydd y 6 rhif nesaf?

7. Ysgrifennwch esiampl i brofi'r datganiad hwn:
   'Os adiwch chi 3 eilrif a 3 odrif gyda'i gilydd cewch ateb odrif.'

8. Esboniwch sut fyddech chi'n cyfrifo:

   59 x 40

© Catherine Yemm

Gwers
4c

1.

Beth allai'r digidau ar goll fod?

9** ÷ ** = 32

....

2.

Ysgrifennwch esiampl i brofi'r datganiad hwn:
'Bydd lluoswm pedwar rhif, lle mae un yn gorffen gyda 0, yn rhoi ateb sy'n gorffen gyda 0.'

....

3.

Pa bedwar rhif allech chi adio i wneud 1000?

....

4.

Ysgrifennwch esiampl i brofi'r datganiad hwn:
'Mae gan siâp rheolaidd gyda mwy na 6 ochr fwy na 6 llinell cymesuredd.'

....

5.

Esboniwch sut fyddech chi'n cyfrifo:

800 x 50

....

6.

Dyma reol: 'Lluoswch y rhif dilynol nesaf â 3 ac adiwch 5'. Gan ddechrau ar 1, beth fydd y 6 rhif nesaf?

....

7.

Ysgrifennwch esiampl i brofi'r datganiad hwn:
'Os adiwch chi 4 eilrif a 4 odrif gyda'i gilydd cewch ateb eilrif.'

....

8.

Esboniwch sut fyddech chi'n cyfrifo:

159 x 40

Datblygu ymresymu rhifyddol : Adnabod prosesau a chysylltiadau

Gweithgaredd dosbarth cyfan

Faint o'r gloch gallai hi fod os ydy bysedd cloc analog yn dangos ongl o 270°?

Pa un sydd â'r nifer fwyaf o ymylon, pyramid gwaelod sgwâr neu brism triongl?

Os oes gan ambarél 8 sbocsen, pa siâp ydy e? Sawl llinell cymesuredd sydd ganddo?

1. Unwch sgwâr a phentagon. Sawl ochr sydd gan y siâp newydd?

2. Pa siapiau fyddech chi eu hangen i wneud model 3D o silindr?

3. Sawl ongl sgwâr sydd gan rwyd ciwboid?

4. Lluniadwch dri pentomino gwahanol.

5. Ysgrifennwch lythrennau cyntaf eich enw mewn priflythrennau. Tynnwch yr holl linellau cymesuredd.

6. Lluniadwch bentagon afreolaidd.

7. Sawl ciwb fyddwch chi ei angen i wneud ciwboid sy'n 4 ciwb o led, 2 giwb o uchder ac 8 ciwb o hyd?

8. Lluniadwch ac enwch siâp 3D sydd â mwy na 6 ongl sgwâr.

Gwers
5b

1. Unwch sgwâr a hecsagon. Sawl ochr sydd gan y siâp newydd?

2. Pa siapiau fyddech chi eu hangen i wneud model 3D o brism hecsagonol?

3. Sawl ongl sgwâr sydd gan rwyd prism triongl?

4. Lluniadwch bedwar pentomino gwahanol.

5. Ysgrifennwch eich enw cyntaf mewn priflythrennau. Tynnwch yr holl linellau cymesuredd yn y llythrennau.

6. Lluniadwch hecsagon afreolaidd.

7. Sawl ciwb fyddwch chi ei angen i wneud ciwboid sy'n 8 ciwb o led, 2 giwb o uchder ac 12 ciwb o hyd?

8. Lluniadwch ac enwch siâp 3D sydd â mwy na 8 ongl sgwâr.

Datrys Problemau Mathemateg – Blwyddyn 5   © Catherine Yemm

Gwers 5c

1. Unwch heptagon a hecsagon. Sawl ochr sydd gan y siâp newydd?

2. Pa siapiau fyddech chi eu hangen i wneud model 3D o brism octagon?

3. Sawl ongl sgwâr sydd gan rwyd prism pentagonol?

4. Lluniadwch bump pentomino gwahanol.

5. Ysgrifennwch eich enw cyntaf a'ch cyfenw mewn priflythrennau. Tynnwch yr holl linellau cymesuredd yn y llythrennau.

6. Lluniadwch octagon afreolaidd.

7. Sawl ciwb fyddwch chi ei angen i wneud ciwboid sy'n 12 ciwb o led, 4 ciwb o uchder ac 16 ciwb o hyd?

8. Lluniadwch ac enwch siâp 3D sydd â mwy na 10 ongl sgwâr.

Datblygu ymresymu rhifyddol : Adnabod prosesau a chysylltiadau

Gweithgaredd dosbarth cyfan

Esboniwch sut fyddech chi'n cyfrifo:

7% o 250

Ysgrifennwch esiampl i brofi'r datganiad hwn:
'Os ydych chi'n adio dau rif dilynol, bydd yr ateb ddwywaith y rhif cyntaf plws 1.'

Ysgrifennwch y ddau rif nesaf yn y dilyniant:

8   15   29   57   113   _____   _____

www.brilliantpublications.co.uk   Gellir llungopïo'r dudalen hon gan y sefydliad sy'n prynu yn unig.

54   **Datrys Problemau Mathemateg – Blwyddyn 5**   © Catherine Yemm

1. Canfyddwch ddau rif dilynol sy'n adio i 175.

2. Esboniwch sut fyddech chi'n cyfrifo:

   19 x 40

3. Esboniwch sut i ganfod nifer yr eiliadau mewn nifer x o funudau.

4. Mae'r onglau tu mewn i driongl yn adio i 360°.

   Cywir

   Anghywir

5. Pa rif tri digid sy'n luosrif o 11 lle mae'r tri digid yn adio i 11?

6. Ysgrifennwch esiampl i brofi'r datganiad hwn:
   'Mae lluosrifau o 7 yn gallu bod yn odrifau neu'n eilrifau.'

7. Esboniwch sut fyddech chi'n cyfrifo:
   156 + 163

8. Ysgrifennwch esiampl i brofi'r datganiad hwn:
   'Os ydy chi'n dyblu eilrif 3 gwaith, bydd yr ateb yn eilrif.'

1.

Canfyddwch ddau rif dilynol sy'n adio i 275.

• •

2.

Esboniwch sut fyddech chi'n cyfrifo:

39 x 40

• •

3.

Esboniwch sut mae canfod nifer yr eiliadau mewn nifer ***x*** o oriau.

• •

4.

Mae'r onglau tu mewn i bentagon yn adio i 360°.

Cywir

Anghywir

• •

5.

Pa rif tri digid sy'n luosrif o 12 lle mae'r tri digid yn adio i 12?

• •

6.

Ysgrifennwch esiampl i brofi'r datganiad hwn:
'Mae lluosrifau o 9 yn gallu bod yn odrifau neu'n eilrifau.'

• •

7.

Esboniwch sut fyddech chi'n cyfrifo:

456 + 163

• •

8.

Ysgrifennwch esiampl i brofi'r datganiad hwn:
'Os ydych chi'n dyblu eilrif 5 gwaith, bydd yr ateb yn eilrif.'

www.brilliantpublications.co.uk   Gellir llungopïo'r dudalen hon gan y sefydliad sy'n prynu yn unig.

56   **Datrys Problemau Mathemateg – Blwyddyn 5**   © Catherine Yemm

1.
Canfyddwch ddau rif dilynol sy'n adio i 475.

. . . .

2.
Esboniwch sut fyddech chi'n cyfrifo:

69 x 40

. . . .

3.
Esboniwch sut mae canfod nifer yr eiliadau mewn nifer x o ddyddiau.

. . . .

4.
Mae'r onglau tu mewn i octagon yn adio i 360°.

Cywir

Anghywir

. . . .

5.
Pa rif tri digid sy'n luosrif o 15 lle mae'r tri digid yn adio i 15?

. . . .

6.
Ysgrifennwch esiampl i brofi'r datganiad hwn:
'Mae lluosrifau o 13 yn gallu bod yn odrifau neu'n eilrifau.'

. . . .

7.
Esboniwch sut fyddech chi'n cyfrifo:

456 + 365

. . . .

8.
Ysgrifennwch esiampl i brofi'r datganiad hwn:
'Os ydych chi'n dyblu eilrif 7 gwaith, bydd yr ateb yn eilrif.'

Defnyddio sgiliau rhif

Dw i'n meddwl am rif, yna dw i'n ei rannu â 20. Fy ateb ydy 25. Beth oedd fy rhif?

Prynodd Paul eitemau'n costio £3.27, £14.92, 69 ceiniog, £2.93 a 58 ceiniog. Beth oedd y cyfanswm?

Mae Mrs Hardy yn llenwi tanc ei char fore Llun gyda 60 litr o betrol. Mae ei char yn defnyddio 7 litr o betrol bob dydd wrth iddi fynd â'i phlant i'r ysgol; ar Ddydd Sadwrn mae'r car yn defnyddio 9 litr o betrol ac 8 litr ar Ddydd Sul. Faint o betrol sydd ganddi ar ôl nos Sul?

Gwers
1a

1. Mae'r siop recordiau yn cynnal sêl. Maen nhw'n cynnig 2 CD am £5, 6 tâp am £6.48 a 10 poster am £8.50. Faint mae un o bob un o'r eitemau yma yn gostio?

2. Dyma'r cynhwysion sydd eu hangen i wneud pwdin siocled i 4 person:
    120g bisgedi siocled
    400ml o hufen
    4 sgwp o hufen iâ
   Pa gynhwysion fyddech chi eu hangen i wneud digon i 6 person?

3. Mae mam Rhydian yn teithio 18 milltir yr wythnos yn ei char ac mae ei char yn defnyddio 0.2 litr o betrol i'r filltir. Mae petrol yn costio 63.4 ceiniog y litr. Faint mae hi'n wario ar betrol mewn wythnos?

4. Mae Dosbarth 4 yn cynnal arolwg traffig. Maen nhw'n cyfrif sawl cerbyd sy'n mynd heibio bob awr. Maen nhw'n gweld 8 car, 3 sgwter, 2 dractor a 3 beic. Sawl olwyn sydd wedi teithio ar hyd y ffordd yn yr awr?

5. Mae tad Seb wedi adeiladu tŷ coeden iddo. Mae'r tŷ 3.0 metr uwch y ddaear. Ar yr ysgol sy'n arwain i fyny ato mae'r ffyn (rungs) 15cm ar wahân. Sawl ffon mae rhaid i Seb eu dringo i gyrraedd y tŷ coeden?

6. Mae 58 plentyn yn gallu teithio ar fws yr ysgol. Pan adewodd y bws yr ysgol roedd e'n llawn ond pan gyrhaeddodd yr ail arosfan dim ond 17 oedd arno. Sawl plentyn adewodd y bws yn yr arosfan gyntaf?

7. Mae gan Mrs Mali 3 stamp gwerth 21 ceiniog, 3 stamp gwerth 28 ceiniog a 3 stamp gwerth 12 ceiniog yr un. Meddyliwch am dri gwerth gwahanol y gallai hi wneud gyda phedwar stamp. Beth ydy'r gwerth uchaf a'r gwerth isaf y gallai hi wneud?

8. Dechreuodd gala nofio'r ysgol am 09.30 a gorffennodd am 13.00. Am sawl awr logodd yr ysgol y pwll?

1. Mae'r siop recordiau yn cynnal sêl. Maen nhw'n cynnig 4 CD am £5, 6 tâp am £12.48 a 10 poster am £17.50. Faint mae un o bob un o'r eitemau yma yn gostio?

2. Dyma'r cynhwysion sydd eu hangen i wneud pwdin siocled i 4 person:

   150g bisgedi siocled

   500ml o hufen

   6 sgwp o hufen iâ

   Pa gynhwysion fyddech chi eu hangen i wneud digon i 6 person?

3. Mae mam Rhydian yn teithio 32 milltir yr wythnos yn ei char ac mae ei char yn defnyddio 0.2 litr o betrol i'r filltir. Mae petrol yn costio 63.4 ceiniog y litr. Faint mae hi'n wario ar betrol mewn wythnos?

4. Mae Dosbarth 4 yn cynnal arolwg traffig. Maen nhw'n cyfrif sawl cerbyd sy'n mynd heibio bob awr. Maen nhw'n gweld 14 car, 7 sgwter, 2 dractor a 6 beic. Sawl olwyn sydd wedi teithio ar hyd y ffordd yn yr awr?

5. Mae tad Seb wedi adeiladu tŷ coeden iddo. Mae'r tŷ 4.35 metr uwch y ddaear. Ar y ysgol sy'n arwain i fyny ato mae'r ffyn (rungs) 15cm ar wahân. Sawl ffon mae rhaid i Seb eu dringo i gyrraedd y tŷ coeden?

6. Mae 62 plentyn yn gallu teithio ar fws yr ysgol. Pan adewodd y bws yr ysgol roedd e'n llawn ond pan gyrhaeddodd yr ail arosfan dim ond 17 oedd arno. Sawl plentyn adewodd y bws yn yr arosfan gyntaf?

7. Mae gan Mrs Mali 3 stamp gwerth 27 ceiniog, 3 stamp gwerth 31 ceiniog a 3 stamp gwerth 16 ceiniog yr un. Meddyliwch am dri gwerth gwahanol y gallai hi wneud gyda phedwar stamp. Beth ydy'r gwerth uchaf a'r gwerth isaf y gallai hi wneud?

8. Dechreuodd gala nofio'r ysgol am 09.30 a gorffennodd am 15.45. Am sawl awr logodd yr ysgol y pwll?

1. Mae'r siop recordiau yn cynnal sêl. Maen nhw'n cynnig 2 CD am £15, 6 tâp am £26.46 a 10 poster am £18.50. Faint mae un o bob un o'r eitemau yma yn gostio?

2. Dyma'r cynhwysion sydd eu hangen i wneud pwdin siocled i 4 person:

    280g bisgedi siocled
    700ml o hufen
    8 sgwp o hufen iâ

    Pa gynhwysion fyddech chi eu hangen i wneud digon i 6 person?

3. Mae mam Rhydian yn teithio 62 milltir yr wythnos yn ei char ac mae ei char yn defnyddio 0.2 litr o betrol i'r filltir. Mae petrol yn costio 63.4 ceiniog y litr. Faint mae hi'n wario ar betrol mewn wythnos?

4. Mae Dosbarth 4 yn cynnal arolwg traffig. Maen nhw'n cyfrif sawl cerbyd sy'n mynd heibio bob awr. Maen nhw'n gweld 24 car, 17 sgwter, 2 dractor ac 16 beic. Sawl olwyn sydd wedi teithio ar hyd y ffordd yn yr awr?

5. Mae tad Seb wedi adeiladu tŷ coeden iddo. Mae'r tŷ 6.35 metr uwch y ddaear. Ar yr ysgol sy'n arwain i fyny ato mae'r ffyn (rungs) 15cm ar wahân. Sawl ffon mae rhaid i Seb eu dringo i gyrraedd y tŷ coeden?

6. Mae 81 plentyn yn gallu teithio ar fws yr ysgol. Pan adewodd y bws yr ysgol roedd e'n llawn ond pan gyrhaeddodd yr ail arosfan dim ond 24 oedd arno. Sawl plentyn adewodd y bws yn yr arosfan gyntaf?

7. Mae gan Mrs Mali 3 stamp gwerth 47 ceiniog, 3 stamp gwerth 38 ceiniog a 3 stamp gwerth 26 ceiniog yr un. Meddyliwch am dri gwerth gwahanol y gallai hi wneud gyda phedwar stamp. Beth ydy'r gwerth uchaf a'r gwerth isaf y gallai hi wneud?

8. Dechreuodd gala nofio'r ysgol am 09.30 a gorffennodd am 17.25. Am sawl awr logodd yr ysgol y pwll?

Defnyddio sgiliau rhif

Prynodd Mr Walker 5kg o gnau coco ar gyfer y stondin cnau coco yn ffair yr ysgol. Pwysodd pob cneuen coco 250g. Enillodd 12 plentyn gneuen coco yn y ffair. Pa mor drwm oedd y bag o gnau coco aeth Mr Walker adre gyda fe?

Mae 324 tudalen yn llyfr Jessica. Mae hi 22 tudalen i ffwrdd o gyrraedd hanner ffordd. Faint o dudalennau sydd ganddi ar ôl i'w darllen?

Ar ddiwrnod mabolgampau'r ysgol cymerodd y tîm cyfnewid glas yr amseroedd canlynol i redeg: plentyn 1 – 45.2 eiliad, plentyn 2 – 68.5 eiliad, plentyn 3 – 84.3 eiliad, plentyn 4 – 71.3 eiliad. Faint o amser gymerodd y tîm i gwblhau eu ras, mewn munudau ac eiliadau?

Datrys Problemau Mathemateg – Blwyddyn 5 © Catherine Yemm

1.
Mae Amy wedi penderfynu rhoi 10 ceiniog yr wythnos i elusen. Ar ôl 2 flynedd, beth fydd cyfanswm yr arian fydd hi wedi ei roi?

2.
Dechreuodd Jay wneud ei wisg Nos Calan Gaeaf ar 20fed o Fedi a gorffennodd ar y diwrnod cyn Nos Calan Gaeaf. Sawl diwrnod gymerodd e i'w gwneud hi?

3.
I wneud 1 litr o gawl tatws mae Brian yn defnyddio 8 taten. Sawl taten fydd e ei angen os ydy e eisiau gwneud 2500 mililitr o gawl?

4.
Pam roedd Lisa yn 4 mlwydd oed roedd hi'n 100cm o daldra. Flwyddyn yn ddiweddarach roedd hi'n 102cm. Os ydy hi'n tyfu ar yr un raddfa, pa mor dal fydd hi mewn metrau pan fydd hi'n 11 mlwydd oed?

5.
Dw i'n meddwl am rif ac yn tynnu 18 a'i rannu gyda 4. Yr ateb ydy 25. Beth oedd fy rhif?

6.
Mae Liana yn mynd i'r siop ac mae hi'n gwario £15.70 ar lysiau a ffrwythau. Faint o newid fydd ganddi o £20? Pa ddarnau arian ac arian papur allai hi gael?

7.
Fel anrheg pen-blwydd talodd tad Polly iddi hi a 3 ffrind fynd i fowlio. Talodd i'r plant gael dwy gêm. Cyfanswm y bil oedd £18.40. Faint gostiodd hi i un plentyn gael un gêm?

8.
Pan roedd hi'n siopa sylwodd Rhian ar rai cynigion arbennig. Roedd gan y botel lemonêd 1 litr roedd hi'n arfer ei brynu 25% yn fwy ynddo am ddim. Faint o lemonêd oedd yn y botel?

Gellir llungopïo'r dudalen hon gan y sefydliad sy'n prynu yn unig.

© Catherine Yemm

www.brilliantpublications.co.uk

Datrys Problemau Mathemateg – Blwyddyn 5   63

1. Mae Amy wedi penderfynu rhoi 18 ceiniog yr wythnos i elusen. Ar ôl 2 flynedd, beth fydd cyfanswm yr arian fydd hi wedi ei roi?

2. Dechreuodd Jay wneud ei wisg Nos Calan Gaeaf ar 24ain o Awst a gorffennodd ar y diwrnod cyn Nos Calan Gaeaf. Sawl diwrnod gymerodd e i'w gwneud hi?

3. I wneud 1 litr o gawl tatws mae Brian yn defnyddio 8 taten. Sawl taten fydd e ei angen os ydy e eisiau gwneud 7250 mililitr o gawl?

4. Pam roedd Lisa yn 4 mlwydd oed roedd hi'n 100cm o daldra. Flwyddyn yn ddiweddarach roedd hi'n 104cm. Os ydy hi'n tyfu ar yr un raddfa, pa mor dal fydd hi mewn metrau pan fydd hi'n 11 mlwydd oed?

5. Dw i'n meddwl am rif ac yn tynnu 18 a'i rannu gyda 8. Yr ateb ydy 25. Beth oedd fy rhif?

6. Mae Liana yn mynd i'r siop ac mae hi'n gwario £12.73 ar lysiau a ffrwythau. Faint o newid fydd ganddi o £20? Pa ddarnau arian ac arian papur allai hi gael?

7. Fel anrheg pen-blwydd talodd tad Polly iddi hi a 3 ffrind fynd i fowlio. Talodd i'r plant gael dwy gêm. Cyfanswm y bil oedd £18.80. Faint gostiodd hi i un plentyn gael un gêm?

8. Pan roedd hi'n siopa sylwodd Rhian ar rai cynigion arbennig. Roedd gan y botel lemonêd 2 litr roedd hi'n arfer ei brynu 25% yn fwy ynddo am ddim. Faint o lemonêd oedd yn y botel?

www.brilliantpublications.co.uk   Gellir llungopïo'r dudalen hon gan y sefydliad sy'n prynu yn unig.

64   **Datrys Problemau Mathemateg – Blwyddyn 5**   © Catherine Yemm

1. Mae Amy wedi penderfynu rhoi 28 ceiniog yr wythnos i elusen. Ar ôl 2 flynedd, beth fydd cyfanswm yr arian fydd hi wedi ei roi?

2. Dechreuodd Jay wneud ei wisg Nos Calan Gaeaf ar 7fed o Orffennaf a gorffennodd ar y diwrnod cyn Nos Calan Gaeaf. Sawl diwrnod gymerodd e i'w gwneud hi?

3. I wneud 1 litr o gawl tatws mae Brian yn defnyddio 8 taten. Sawl taten fydd e ei angen os ydy e eisiau gwneud 9750 mililitr o gawl?

4. Pam roedd Lisa yn 4 mlwydd oed roedd hi'n 100cm o daldra. Flwyddyn yn ddiweddarach roedd hi'n 105cm. Os ydy hi'n tyfu ar yr un raddfa, pa mor dal fydd hi mewn metrau pan fydd hi'n 18 mlwydd oed?

5. Dw i'n meddwl am rif ac yn tynnu 38 a'i rannu gyda 12. Yr ateb ydy 25. Beth oedd fy rhif?

6. Mae Liana yn mynd i'r siop ac mae hi'n gwario £31.73 ar lysiau a ffrwythau. Faint o newid fydd ganddi o £50? Pa ddarnau arian ac arian papur allai hi gael?

7. Fel anrheg pen-blwydd talodd tad Polly iddi hi a 3 ffrind fynd i fowlio. Talodd i'r plant gael dwy gêm. Cyfanswm y bil oedd £19.76. Faint gostiodd hi i un plentyn gael un gêm?

8. Pan roedd hi'n siopa sylwodd Rhian ar rai cynigion arbennig. Roedd gan y botel lemonêd 3.5 litr roedd hi'n arfer ei brynu 25% yn fwy ynddo am ddim. Faint o lemonêd oedd yn y botel?

Gellir llungopïo'r dudalen hon gan y sefydliad sy'n prynu yn unig.

www.brilliantpublications.co.uk

© Catherine Yemm

Datrys Problemau Mathemateg – Blwyddyn 5   65

Defnyddio sgiliau rhif

Gweithgaredd dosbarth cyfan

Hyd y ffens berimedr o amgylch maes chwarae'r ysgol ydy 210 metr. Os mai petryal ydy siâp y cae ac mae ei led yn 28 metr yr un beth ydy hyd y cae?

Mae James yn cael parti pen-blwydd. Mae ei fam wedi gwneud 72 brechdan, 45 rhôl selsig a 36 teisen fach. Ar ôl y parti, mae pumed o'r rholiau selsig ar ôl, mae chwarter y brechdanau a thraean y teisennau bach ar ôl. Faint o bob math o fwyd gafodd ei fwyta?

Os ydy'r raddfa gyfnewid ar gyfer £1 yn 1.4 ewro a 1.7 doler Unol Daleithiau, faint o bunnoedd sydd gan Alex i gyd os oes ganddo 27.2 doler Unol Daleithiau a 53.2 ewro?

1. Mae 5 milltir o dŷ Shauna i'r ysgol ac 8 milltir o'r ysgol i lle mae ei mam yn gweithio. Sawl milltir yr wythnos mae mam Shauna yn teithio os ydy hi'n gollwng hi yn yr ysgol bob bore ar ei ffordd i'r gwaith ac os ydy hi wedyn yn ei chasglu hi ar ôl ysgol i fynd â hi adref?

• •

2. Dw i'n meddwl am rif, wedyn dw i'n ei ddyblu ac yn adio 25. Yr ateb ydy 81. Beth oedd fy rhif?

• •

3. Mae pob DVD yn y llyfrgell yn costio £1.05 i'w logi. Os ydy Jerry yn llogi DVD bob dydd am bythefnos, faint o arian fydd e'n wario?

• •

4. Mae hanner y blodau yng ngardd Sheba yn felyn ac mae'r hanner arall yn wyn. Os ydy 47 yn felyn, faint o flodau sydd ganddi yn ei gardd?

• •

5. Mae Jill yn prynu siwgwr ar gyfer ffreutur yr ysgol ond dydy hi ddim yn gallu rhoi mwy na 10kg yn ei throli. Mae bag o siwgwr yn pwyso 2.2kg. Sawl bag o siwgwr allai Jill ffitio yn ei throli?

• •

6. Aeth Sasha i siopa yn y dref a safodd hi mewn ciw o 10.30 tan 10.42 yn y siop gyntaf, yna o 12.45 tan 13.00 yn yr ail siop ac o 15.10 tan 16.35 yn yr arosfan fysiau. Beth oedd cyfanswm yr amser dreuliodd Sasha yn ciwio?

• •

7. Mae ysgrifenyddes yr ysgol yn gweithio o 9 o'r gloch tan 3 o'r gloch. Yn ystod yr amser yma, mae'r ffôn yn canu 70 gwaith. Mae dau chwarter y galwadau gan rieni. Faint o alwadau sydd ddim gan rieni?

• •

8. Mae gan Tomos chwe silff o lyfrau yn ei ystafell wely. Mae pedair silff yn dal 12 llyfr yr un ac mae dwy silff yn dal 27 llyfr yr un. Sawl llyfr sydd gan Tomos yn ei ystafell wely?

www.brilliantpublications.co.uk

Defnyddio sgiliau rhif

1. Mae 7 milltir o dŷ Shauna i'r ysgol a 12 milltir o'r ysgol i lle mae ei mam yn gweithio. Sawl milltir yr wythnos mae mam Shauna yn teithio os ydy hi'n ei gollwng hi yn yr ysgol bob bore ar ei ffordd i'r gwaith ac os ydy hi wedyn yn ei chasglu hi ar ôl ysgol i fynd â hi adref?

2. Dw i'n meddwl am rif, wedyn dw i'n ei ddyblu ac yn adio 45. Yr ateb ydy 81. Beth oedd fy rhif?

3. Mae pob DVD yn y llyfrgell yn costio £1.25 i'w logi. Os ydy Jerry yn llogi DVD bob dydd am bythefnos, faint o arian fydd e'n wario?

4. Mae hanner y blodau yng ngardd Sheba yn felyn ac mae'r hanner arall yn wyn. Os ydy 87 yn felyn, faint o flodau sydd ganddi yn ei gardd?

5. Mae Jill yn prynu siwgwr ar gyfer ffreutur yr ysgol ond dydy hi ddim yn gallu rhoi mwy na 25kg yn ei throli. Mae bag o siwgwr yn pwyso 2.2kg. Sawl bag o siwgwr allai Jill ffitio yn ei throli?

6. Aeth Sasha i siopa yn y dref a safodd hi mewn ciw o 10.30 tan 10.47 yn y siop gyntaf, yna o 12.45 tan 13.07 yn yr ail siop ac o 15.11 tan 16.36 yn yr arosfan fysiau. Beth oedd cyfanswm yr amser dreuliodd Sasha yn ciwio?

7. Mae ysgrifenyddes yr ysgol yn gweithio o 9 o'r gloch tan 3 o'r gloch. Yn ystod yr amser yma, mae'r ffôn yn canu 95 gwaith. Mae dau bumed o'r galwadau gan rieni. Faint o alwadau sydd ddim gan rieni?

8. Mae gan Tomos chwe silff o lyfrau yn ei ystafell wely. Mae pedair silff yn dal 22 llyfr yr un ac mae dwy silff yn dal 37 llyfr yr un. Sawl llyfr sydd gan Tomos yn ei ystafell wely?

1. Mae 9 milltir o dŷ Shauna i'r ysgol a 15 milltir o'r ysgol i lle mae ei mam yn gweithio. Sawl milltir yr wythnos mae mam Shauna yn teithio os ydy hi'n ei gollwng hi yn yr ysgol bob bore ar ei ffordd i'r gwaith ac os ydy hi wedyn yn ei chasglu hi ar ôl ysgol i fynd â hi adref?

• •

2. Dw i'n meddwl am rif, wedyn dw i'n ei ddyblu ac yn adio 75. Yr ateb ydy 167. Beth oedd fy rhif?

• •

3. Mae pob DVD yn y llyfrgell yn costio £2.15 i'w logi. Os ydy Jerry yn llogi DVD bob dydd am bythefnos, faint o arian fydd e'n wario?

• •

4. Mae hanner y blodau yng ngardd Sheba yn felyn ac mae'r hanner arall yn wyn. Os ydy 127 yn felyn, faint o flodau sydd ganddi yn ei gardd?

• •

5. Mae Jill yn prynu siwgwr ar gyfer ffreutur yr ysgol ond dydy hi ddim yn gallu rhoi mwy na 45kg yn ei throli. Mae bag o siwgwr yn pwyso 2.2kg. Sawl bag o siwgwr allai Jill ffitio yn ei throli?

• •

6. Aeth Sasha i siopa yn y dref a safodd hi mewn ciw o 10.30 tan 10.51 yn y siop gyntaf, yna o 12.45 tan 13.17 yn yr ail siop ac o 15.11 tan 16.56 yn yr arosfan fysiau. Beth oedd cyfanswm yr amser dreuliodd Sasha yn ciwio?

• •

7. Mae ysgrifenyddes yr ysgol yn gweithio o 9 o'r gloch tan 3 o'r gloch. Yn ystod yr amser yma, mae'r ffôn yn canu 105 gwaith. Mae pedwar pumed o'r galwadau gan rieni. Faint o alwadau sydd ddim gan rieni?

• •

8. Mae gan Tomos chwe silff o lyfrau yn ei ystafell wely. Mae pedair silff yn dal 32 llyfr yr un ac mae dwy silff yn dal 57 llyfr yr un. Sawl llyfr sydd gan Tomos yn ei ystafell wely?

Defnyddio sgiliau rhif

Eisteddodd y teulu Fletcher am 14.15 i wylio fideo o'u gwyliau. Gwylion nhw 55 munud ohono, yna cawson nhw hoe am 10 munud. Yna, gwylion nhw'r 1 awr a 37 munud nesaf. Faint o'r gloch orffennodd y fideo?

Ar ddechrau'r flwyddyn pwysodd yr athro bawb yn y dosbarth. Roedd Ffion yn pwyso 32kg ac roedd Cai yn pwyso 45kg. Ar ddiwedd Blwyddyn 4 cafodd y plant eu pwyso ac roedd cyfanswm eu pwysau yn 90kg. Os cynyddodd pwysau Cai o 5kg yn fwy na Ffion, beth oedd pwysau Ffion a Cai ar ddiwedd Blwyddyn 4?

Mewn siop sy'n gwerthu ruban, os ydych chi'n prynu 5 metr, rydych chi'n cael 25% yn fwy am ddim. Os ydy mam Lois yn prynu 5 metr o ruban coch ac 8 metr o ruban melyn, faint o ruban am ddim gaiff hi?

1. Mae rhieni Osian yn meddwl mynd ar wyliau i'r Aifft, Hong Kong a Jamaica. Mae ganddo £10 o arian i wario a'r graddfeydd cyfnewid ydy £1 = 10.4 punt Eifftaidd, £1 = 98.6 doler Jamaicaidd, £1 = 13.3 doler Hong Kong. Faint o arian fydd gan Osian i'w wario ym mhob gwlad?

∙∙

2. Yn Noson Tân Gwyllt yr ysgol, mae rhai o'r rhieni yn gwerthu siocled poeth. Mae pob mwg yn dal 220ml o siocled poeth. Sawl litr o siocled poeth fydd rhaid i'r rhieni ei wneud os ydyn nhw wedi gwerthu 20 tocyn?

∙∙

3. Aeth Betsan i'w gwely am 5.45 pm ar nos Fawrth a chysgodd tan 7.50 am ar fore Mercher. Faint o gwsg gafodd hi?

∙∙

4. Prynodd Mrs Miller lolïau a losin i'w rhoi mewn bagiau anrhegion i'w gwerthu yn ffair yr ysgol. Mae hi wedi prynu 64 loli a 56 losin. Os ydy hi'n rhoi 4 ym mhob bag, sawl bag fydd hi'n eu gwneud?

∙∙

5. Mae Bali yn reidio'i feic am 15km yr awr o'i gartref i swyddfa post y pentref. Mae e'n cymryd 15 munud i gyrraedd. Pa mor bell fydd e wedi seiclo os ydy e'n mynd i'r swyddfa bost ac yn ôl?

∙∙

6. Yn ffair yr ysgol mae stribyn o docynnau raffl yn costio £1.10 ac mae'n costio 55 ceiniog i gael tro yn y stondin cnau coco. Mae gan Llion £4.50 i'w wario. Beth ydy'r nifer fwyaf o docynnau raffl allai e eu prynu a'r nifer fwyaf o droeon allai e gael yn y stondin cnau coco?

∙∙

7. Mae pob dosbarth yn yr ysgol yn gwneud prawf sillafu noddedig i godi arian. Mae gan ddosbarth 1 a dosbarth 2 10 gair i'w sillafu, mae gan ddosbarth 3 a 4 15 gair i'w sillafu, mae gan dosbarth 5 a 6 20 gair i'w sillafu. Os oes 26 plentyn ym mhob dosbarth, sawl gair fyddan nhw'n eu hysgrifennu rhyngddyn nhw?

∙∙

8. Mae tad Paula wedi talu blaendal ar babell newydd iddi yn y siop pethau gwersylla. Mae'r babell yn costio £195 ac mae e wedi talu blaendal o 10%. Faint mae e eisioes wedi ei dalu? Faint yn weddill sy'n rhaid iddo dalu cyn bydd e'n berchen ar y babell?

www.brilliantpublications.co.uk

Defnyddio sgiliau rhif

1. Mae rhieni Osian yn meddwl mynd ar wyliau i'r Aifft, Hong Kong a Jamaica. Mae ganddo £20 o arian i wario a'r graddfeydd cyfnewid ydy £1 = 10.4 punt Eifftaidd, £1 = 98.6 doler Jamaicaidd, £1 = 13.3 doler Hong Kong. Faint o arian fydd gan Osian i'w wario ym mhob gwlad?

2. Yn Noson Tân Gwyllt yr ysgol, mae rhai o'r rhieni yn gwerthu siocled poeth. Mae pob mwg yn dal 220ml o siocled poeth. Sawl litr o siocled poeth fydd rhaid i'r rhieni ei wneud os ydyn nhw wedi gwerthu 50 tocyn?

3. Aeth Betsan i'w gwely am 5.45 pm ar nos Fawrth a chysgodd tan 7.20 am ar fore Mercher. Faint o gwsg gafodd hi?

4. Prynodd Mrs Miller lolïau a losin i'w rhoi mewn bagiau anrhegion i'w gwerthu yn ffair yr ysgol. Mae hi wedi prynu 124 loli a 72 losin. Os ydy hi'n rhoi 4 ym mhob bag, sawl bag fydd hi'n eu gwneud?

5. Mae Bali yn reidio'i feic am 32km yr awr o'i gartref i swyddfa post y pentref. Mae e'n cymryd 15 munud i gyrraedd. Pa mor bell fydd e wedi seiclo os ydy e'n mynd i'r swyddfa bost ac yn ôl?

6. Yn ffair yr ysgol mae stribyn o docynnau raffl yn costio £1.55 ac mae'n costio 75 ceiniog i gael tro yn y stondin cnau coco. Mae gan Llion £6.50 i'w wario. Beth ydy'r nifer fwyaf o docynnau raffl allai e eu prynu a'r nifer fwyaf o droeon allai e gael yn y stondin cnau coco?

7. Mae pob dosbarth yn yr ysgol yn gwneud prawf sillafu noddedig i godi arian. Mae gan ddosbarth 1 a dosbarth 2 10 gair i'w sillafu, mae gan ddosbarth 3 a 4 25 gair i'w sillafu, mae gan dosbarth 5 a 6 50 gair i'w sillafu. Os oes 26 plentyn ym mhob dosbarth, sawl gair fyddan nhw'n eu hysgrifennu rhyngddyn nhw?

8. Mae tad Paula wedi talu blaendal ar babell newydd iddi yn y siop pethau gwersylla. Mae'r babell yn costio £195 ac mae e wedi talu blaendal o 20%. Faint mae e eisioes wedi ei dalu? Faint yn weddill sy'n rhaid iddo dalu cyn bydd e'n berchen ar y babell?

© Catherine Yemm

1.
Mae rhieni Osian yn meddwl mynd ar wyliau i'r Aifft, Hong Kong a Jamaica. Mae ganddo £35 o arian i wario a'r graddfeydd cyfnewid ydy £1 = 10.4 punt Eifftaidd, £1 = 98.6 doler Jamaicaidd, £1 = 13.3 doler Hong Kong. Faint o arian fydd gan Osian i'w wario ym mhob gwlad?

2.
Yn Noson Tân Gwyllt yr ysgol, mae rhai o'r rhieni yn gwerthu siocled poeth. Mae pob mwg yn dal 220ml o siocled poeth. Sawl litr o siocled poeth fydd rhaid i'r rhieni ei wneud os ydyn nhw wedi gwerthu 75 tocyn?

3.
Aeth Betsan i'w gwely am 5.42 pm ar nos Fawrth a chysgodd tan 7.37 am ar fore Mercher. Faint o gwsg gafodd hi?

4.
Prynodd Mrs Miller lolïau a losin i'w rhoi mewn bagiau anrhegion i'w gwerthu yn ffair yr ysgol. Mae hi wedi prynu 248 loli a 144 losin. Os ydy hi'n rhoi 4 ym mhob bag, sawl bag fydd hi'n eu gwneud?

5.
Mae Bali yn reidio'i feic am 45km yr awr o'i gartref i swyddfa post y pentref. Mae e'n cymryd 15 munud i gyrraedd. Pa mor bell fydd e wedi seiclo os ydy e'n mynd i'r swyddfa bost ac yn ôl?

6.
Yn ffair yr ysgol mae stribyn o docynnau raffl yn costio £1.55 ac mae'n costio 75 ceiniog i gael tro yn y stondin cnau coco. Mae gan Llion £12.50 i'w wario. Beth ydy'r nifer fwyaf o docynnau raffl allai e eu prynu a'r nifer fwyaf o droeon allai e gael yn y stondin cnau coco?

7.
Mae pob dosbarth yn yr ysgol yn gwneud prawf sillafu noddedig i godi arian. Mae gan ddosbarth 1 a dosbarth 2 15 gair i'w sillafu, mae gan ddosbarth 3 a 4 30 gair i'w sillafu, mae gan dosbarth 5 a 6 60 gair i'w sillafu. Os oes 26 plentyn ym mhob dosbarth, sawl gair fyddan nhw'n eu hysgrifennu rhyngddyn nhw?

8.
Mae tad Paula wedi talu blaendal ar babell newydd iddi yn y siop pethau gwersylla. Mae'r babell yn costio £195 ac mae e wedi talu blaendal o 30%. Faint mae e eisioes wedi ei dalu? Faint yn weddill sy'n rhaid iddo dalu cyn bydd e'n berchen ar y babell?

Defnyddio sgiliau rhif

Mae Clare a Martin yn chwarae gêm gardiau am y trydydd tro. Mae Martin wedi sgorio 75, 43 a 74. Mae Clare wedi sgorio 38 a 79 ac mae hi'n cael ei thro olaf. Faint mae'n rhaid iddi sgorio yn y gêm olaf yma i drechu cyfanswm Martin?

Mae pawb yn stryd Mrs White yn talu 17 ceiniog y litr am eu dŵr. Roedd bil Mrs White y mis diwethaf yn £8.50. Mae'r cwmni dŵr newydd godi pris dŵr i 19 ceiniog y litr. Os ydy hi'n defnyddio'r un faint o ddŵr bob mis, faint fydd cyfanswm ei bil hi y tro yma?

Mae Jac yn prynu llyfrau yn y sêl. Mae'r llyfrau gwyddoniaeth wedi'u gostwng o 25% a'r llyfrau chwaraeon wedi eu gostwng o 30%. Mae e'n dewis llyfr am nofio oedd yn £12 a llyfr am hydoddi am £22. Faint mae'n rhaid iddo dalu am y llyfrau ar ôl tynnu'r disgownt?

1. Mae Keira yn defnyddio 75 centimetr o wlân i wau un rhan o ddeg o sgarff. Sawl metr o wlân fyddai hi ei angen i wneud 3 sgarff?

2. Mae tocyn sinema i oedolyn yn costio £2.50 a thocyn plentyn yn costio £1.65. Faint fyddai'n costio i Mr a Mrs Weaver a'u tripledi fynd i'r sinema?

3. Yn ei ffair Nadolig mae'r ysgol yn cynnal cystadleuaeth 'dyfalwch bwysau'r gacen'. Dyfalodd Judith 8.2kg ond dim ond chwarter hynny oedd y gacen. Faint oedd y gacen yn pwyso mewn cilogramau?

4. Rhoddodd mam Jamie ei drowsus yn y peiriant golchi ond fe wnaethon nhw leihau. Roedden nhw'n arfer mesur 110cm o ran hyd ond nawr maen nhw wedi colli 10% o'u hyd. Beth ydy hyd trowsus Jamie nawr?

5. Mae'r ysgol yn dechrau am 08.50. Cyrhaeddodd Siôn yr ysgol am 08.10. Cyrhaeddodd Tirion a Morgan 10 munud yn ddiweddarach. Cyrhaeddodd Casi 15 munund ar ôl hynny a chyrhaeddodd Seren 6 munud yn ddiweddarach. Faint o'r gloch gyrhaeddodd Seren? Oedd unrhyw un yn hwyr i'r ysgol?

6. Mae Dylan wedi bod yn cynilo'i arian poced dros y flwyddyn ddiwethaf i brynu beic newydd. Am dri mis cyntaf y flwyddyn, cynilodd £1.50 y mis; am y 4 mis nesaf cynilodd £2.75 y mis ac am y 5 mis diwethaf cynilodd £2.05 y mis. Faint gynilodd e dros y flwyddyn?

7. Mae gan Llinos rownd bapur. Ar Ddydd Sul mae hi'n dosbarthu 16 papur ac yn cyrraedd tŷ rhif 54 yn ei stryd. Yn nhŷ pa rif ddechreuodd hi os ydy pawb yn ei stryd yn cael papur?

8. Mae cogydd yr ysgol wedi gwneud 100 bynen y Grog i ginio. Bwytodd blant Blwyddyn 1 un rhan o ddeg ohonyn nhw, bwytodd Blwyddyn 2 eu hanner a bwytodd Blwyddyn 3 ddwy ran o ddeg ohonyn nhw. Faint o byns oedd ar ôl pan gyrhaeddodd Blwyddyn 4 am eu cinio?

© Catherine Yemm **Datrys Problemau Mathemateg – Blwyddyn 5**

Defnyddio sgiliau rhif

1. Mae Keira yn defnyddio 40 centimetr o wlân i wau un rhan o ddeg o sgarff. Sawl metr o wlân fyddai hi ei angen i wneud 5 sgarff?

....

2. Mae tocyn sinema i oedolyn yn costio £3.75 a thocyn plentyn yn costio £2.65. Faint fyddai'n costio i Mr a Mrs Weaver a'u tripledi fynd i'r sinema?

....

3. Yn ei ffair Nadolig mae'r ysgol yn cynnal cystadleuaeth 'dyfalwch bwysau'r gacen'. Dyfalodd Judith 12.8kg ond dim ond chwarter hynny oedd y gacen. Faint oedd y gacen yn pwyso mewn cilogramau?

....

4. Rhoddodd mam Jamie ei drowsus yn y peiriant golchi ond fe wnaethon nhw leihau. Roedden nhw'n arfer mesur 110cm o ran hyd ond nawr maen nhw wedi colli 20% o'u hyd. Beth ydy hyd trowsus Jamie nawr?

....

5. Mae'r ysgol yn dechrau am 08.50. Cyrhaeddodd Siôn yr ysgol am 08.17. Cyrhaeddodd Tirion a Morgan 9 munud yn ddiweddarach. Cyrhaeddodd Casi 15 munund ar ôl hynny a chyrhaeddodd Seren 6 munud yn ddiweddarach. Faint o'r gloch gyrhaeddodd Seren? Oedd unrhyw un yn hwyr i'r ysgol?

....

6. Mae Dylan wedi bod yn cynilo'i arian poced dros y flwyddyn ddiwethaf i brynu beic newydd. Am dri mis cyntaf y flwyddyn, cynilodd £3.50 y mis; am y 4 mis nesaf cynilodd £4.75 y mis ac am y 5 mis diwethaf cynilodd £5.05 y mis. Faint gynilodd e dros y flwyddyn?

....

7. Mae gan Llinos rownd bapur. Ar Ddydd Sul mae hi'n dosbarthu 26 papur ac yn cyrraedd tŷ rhif 74 yn ei stryd. Yn nhŷ pa rif ddechreuodd hi os ydy pawb yn ei stryd yn cael papur?

....

8. Mae cogydd yr ysgol wedi gwneud 150 bynen y Grog i ginio. Bwytodd blant Blwyddyn 1 un rhan o ddeg ohonyn nhw, bwytodd Flwyddyn 2 eu hanner a bwytodd Flwyddyn 3 ddwy ran o ddeg ohonyn nhw. Faint o byns oedd ar ôl pan gyrhaeddodd Blwyddyn 4 am eu cinio?

1. Mae Keira yn defnyddio 35 centimetr o wlân i wau un rhan o ddeg o sgarff. Sawl metr o wlân fyddai hi ei angen i wneud 7 sgarff?

. . . .

2. Mae tocyn sinema i oedolyn yn costio £4.75 a thocyn plentyn yn costio £3.65. Faint fyddai'n costio i Mr a Mrs Weaver a'u tripledi fynd i'r sinema?

. . . .

3. Yn ei ffair Nadolig mae'r ysgol yn cynnal cystadleuaeth 'dyfalwch bwysau'r gacen'. Dyfalodd Judith 24.8kg ond dim ond chwarter hynny oedd y gacen. Faint oedd y gacen yn pwyso mewn cilogramau?

. . . .

4. Rhoddodd mam Jamie ei drowsus yn y peiriant golchi ond fe wnaethon nhw leihau. Roedden nhw'n arfer mesur 110cm o ran hyd ond nawr maen nhw wedi colli 35% o'u hyd. Beth ydy hyd trowsus Jamie nawr?

. . . .

5. Mae'r ysgol yn dechrau am 08.50. Cyrhaeddodd Siôn yr ysgol am 08.07. Cyrhaeddodd Tirion a Morgan 19 munud yn ddiweddarach. Cyrhaeddodd Casi 15 munund ar ôl hynny a chyrhaeddodd Seren 6 munud yn ddiweddarach. Faint o'r gloch gyrhaeddodd Seren? Oedd unrhyw un yn hwyr i'r ysgol?

. . . .

6. Mae Dylan wedi bod yn cynilo'i arian poced dros y flwyddyn ddiwethaf i brynu beic newydd. Am dri mis cyntaf y flwyddyn, cynilodd £4.65 y mis; am y 4 mis nesaf cynilodd £5.75 y mis ac am y 5 mis diwethaf cynilodd £6.15 y mis. Faint gynilodd e dros y flwyddyn?

. . . .

7. Mae gan Llinos rownd bapur. Ar Ddydd Sul mae hi'n dosbarthu 48 papur ac yn cyrraedd tŷ rhif 94 yn ei stryd. Yn nhŷ pa rif ddechreuodd hi os ydy pawb yn ei stryd yn cael papur?

. . . .

8. Mae cogydd yr ysgol wedi gwneud 280 bynen y Grog i ginio. Bwytodd blant Blwyddyn 1 un rhan o ddeg ohonyn nhw, bwytodd Flwyddyn 2 eu hanner a bwytodd Flwyddyn 3 ddwy ran o ddeg ohonyn nhw. Faint o byns oedd ar ôl pan gyrhaeddodd Blwyddyn 4 am eu cinio?

Gellir llungopio'r dudalen hon gan y sefydliad sy'n prynu yn unig.

www.brilliantpublications.co.uk

© Catherine Yemm

Datrys Problemau Mathemateg – Blwyddyn 5   77

Defnyddio sgiliau rhif

Mae hi'n costio £3.20 i oedolion fynd i'r amgueddfa leol ac mae'n hi'n costio hanner hyn i blant. Faint fyddai hi'n gostio i fynd â Dosbarth 4 i'r amgueddfa os oes 34 plentyn yn y dosbarth a 4 oedolyn yn mynd gyda nhw?

Mae marathon yn 26 milltir mewn hyd. Mae Peter yn cymryd rhan yn y marathon ac yn rhedeg un rhan o ddeg o'r ffordd, yna'n cerdded am chwarter y pellter, yna'n rhedeg am weddill y ras. Pa mor bell redodd Peter a pha mor bell gerddodd e yn gyfan gwbl?

Dw i'n meddwl am rif. Dw i'n ei luosi â 15 yna'n tynnu 25 i ffwrdd. Fy ateb ydy 425. Beth oedd fy rhif?

Datrys Problemau Mathemateg – Blwyddyn 5 © Catherine Yemm

1. Mae gan Mr Johns randir sy'n 20 metr o hyd wrth 30 metr o led. Mae e eisiau ei rannu'n 4 darn llai i dyfu 4 math gwahanol o lysieuyn. Beth fydd arwynebedd pob un o'r pedwar darn?

2. Mae Kieran yn mwynhau paentio ac mae e wedi penderfynu gwerthu rhai o'i luniau. Cyn gwerthu llun, mae e'n gweithio allan faint gostiodd i brynu'r deunyddiau angenrheidiol ac yna ychwanegu 50% ar ben hynny. Os costiodd £9.60 iddo wneud llun, faint fydd e'n codi am lun?

3. Mae gan iard yr ysgol ardal balmantog sy'n 32 metr sgwâr mewn maint. Mae'r pennaeth eisiau gosod glaswellt mewn un rhan o'r ardal. Os bydd chwarter yr iard yn laswellt, faint o'r iard fydd nawr yn balmantog o hyd? Beth fydd hyd a lled yr ardal glaswelltog?

4. Mae hi'n nos Sadwrn ac mae Georgina yn gwybod bod ei mam-gu/nain yn dod i aros gyda hi mewn union 6 wythnos. Sawl diwrnod gwaith fydd rhaid i Georgina aros cyn ei gweld?

5. Roedd Veda yn cael bath pan aeth y plwg yn sownd yn y twll plwg. Roedd rhaid iddi wagio'r dŵr gyda jwg 2.5 litr. Os oedd 30 litr o ddŵr yn y bath, llond sawl jwg oedd rhaid iddi ei ddefnyddio i wagio'r bath?

6. Mae 12 o siocledi mewn bocs. Mae siopwr yn gwerthu 13 bocs. Faint o siocledi mae e wedi'u gwerthu?

7. Mae litr o sudd oren yn costio 37 ceiniog. Mae rhaid i Joyce brynu 30 litr ar gyfer parti ei merch. Faint fydd hi'n ei wario ar sudd oren? Faint o newid fydd ganddi o £20?

8. Mae Daniella, Ela a Harriet yn casglu sticeri. Mae gan Daniella 132, mae gan Ela 109 a Harriet 143. Faint o sticeri sydd ganddyn nhw rhyngddyn nhw? Faint yn fwy fydd ei angen arnyn nhw i gael 600 rhyngddyn nhw?

Gwers 6b

1. Mae gan Mr Johns randir sy'n 40 metr o hyd wrth 60 metr o led. Mae e eisiau ei rannu'n 4 darn llai i dyfu 4 math gwahanol o lysieuyn. Beth fydd arwynebedd pob un o'r pedwar darn?

2. Mae Kieran yn mwynhau paentio ac mae e wedi penderfynu gwerthu rhai o'i luniau. Cyn gwerthu llun, mae e'n gweithio allan faint gostiodd i brynu'r deunyddiau angenrheidiol ac yna ychwanegu 50% ar ben hynny. Os costiodd £12.74 iddo wneud llun, faint fydd e'n codi am lun?

3. Mae gan iard yr ysgol ardal balmantog sy'n 56 metr sgwâr mewn maint. Mae'r pennaeth eisiau gosod glaswellt mewn un rhan o'r ardal. Os bydd chwarter yr iard yn laswellt, faint o'r iard fydd nawr yn balmantog o hyd? Beth fydd hyd a lled yr ardal glaswelltog?

4. Mae hi'n nos Sadwrn ac mae Georgina yn gwybod bod ei mam-gu/nain yn dod i aros gyda hi mewn union 9 wythnos. Sawl diwrnod gwaith fydd rhaid i Georgina aros cyn ei gweld?

5. Roedd Veda yn cael bath pan aeth y plwg yn sownd yn y twll plwg. Roedd rhaid iddi wagio'r dŵr gyda jwg 2.5 litr. Os oedd 70 litr o ddŵr yn y bath, llond sawl jwg oedd rhaid iddi ei ddefnyddio i wagio'r bath?

6. Mae 15 o siocledi mewn bocs. Mae siopwr yn gwerthu 13 bocs. Faint o siocledi mae e wedi'u gwerthu?

7. Mae litr o sudd oren yn costio 57 ceiniog. Mae rhaid i Joyce brynu 45 litr ar gyfer parti ei merch. Faint fydd hi'n ei wario ar sudd oren? Faint o newid fydd ganddi o £30?

8. Mae Daniella, Ela a Harriet yn casglu sticeri. Mae gan Daniella 232, mae gan Ela 209 a Harriet 243. Faint o sticeri sydd ganddyn nhw rhyngddyn nhw? Faint yn fwy fydd ei angen arnyn nhw i gael 1000 rhyngddyn nhw?

www.brilliantpublications.co.uk   Gellir llungopïo'r dudalen hon gan y sefydliad sy'n prynu yn unig.

80   **Datrys Problemau Mathemateg – Blwyddyn 5**   © Catherine Yemm

1. Mae gan Mr Johns randir sy'n 52 metr o hyd wrth 64 metr o led. Mae e eisiau ei rannu'n 4 darn llai i dyfu 4 math gwahanol o lysieuyn. Beth fydd arwynebedd pob un o'r pedwar darn?

2. Mae Kieran yn mwynhau paentio ac mae e wedi penderfynu gwerthu rhai o'i luniau. Cyn gwerthu llun, mae e'n gweithio allan faint gostiodd i brynu'r deunyddiau angenrheidiol ac yna ychwanegu 50% ar ben hynny. Os costiodd £27.60 iddo wneud llun, faint fydd e'n codi am lun?

3. Mae gan iard yr ysgol ardal balmantog sy'n 86 metr sgwâr mewn maint. Mae'r pennaeth eisiau gosod glaswellt mewn un rhan o'r ardal. Os bydd chwarter yr iard yn laswellt, faint o'r iard fydd nawr yn balmantog o hyd? Beth fydd hyd a lled yr ardal glaswelltog?

4. Mae hi'n nos Sadwrn ac mae Georgina yn gwybod bod ei mam-gu/nain yn dod i aros gyda hi mewn union 13 wythnos. Sawl diwrnod gwaith fydd rhaid i Georgina aros cyn ei gweld?

5. Roedd Veda yn cael bath pan aeth y plwg yn sownd yn y twll plwg. Roedd rhaid iddi wagio'r dŵr gyda jwg 2.5 litr. Os oedd 135 litr o ddŵr yn y bath, llond sawl jwg oedd rhaid iddi ei ddefnyddio i wagio'r bath?

6. Mae 25 o siocledi mewn bocs. Mae siopwr yn gwerthu 13 bocs. Faint o siocledi mae e wedi'u gwerthu?

7. Mae litr o sudd oren yn costio 87 ceiniog. Mae rhaid i Joyce brynu 45 litr ar gyfer parti ei merch. Faint fydd hi'n ei wario ar sudd oren? Faint o newid fydd ganddi o £50?

8. Mae Daniella, Ela a Harriet yn casglu sticeri. Mae gan Daniella 432, mae gan Ela 309 a Harriet 543. Faint o sticeri sydd ganddyn nhw rhyngddyn nhw? Faint yn fwy fydd ei angen arnyn nhw i gael 1500 rhyngddyn nhw?

Gellir llungopïo'r dudalen hon gan y sefydliad sy'n prynu yn unig.

www.brilliantpublications.co.uk

© Catherine Yemm

Datrys Problemau Mathemateg – Blwyddyn 5   81

Atebion

Datblygu ymresymu rhifyddol

Gwers 1 (tud 10)
A: stori; B: minws; C: 22, 4 dros ben

Gwersi 1a–1c (tt 11–13)

C	1a	1b	1c
1	134	234	534
2	3 litr	4 litr	9 litr
3	41	71	21
4	1 awr, 20 munud	3 awr, 50 munud	5 awr, 46 munud
5	Natalie 229 Ryan 240	Natalie 379 Ryan 390	Natalie 579 Ryan 690
6	62.25	101.25	148.5
7	12	16	14
8	16	66	216

Gwers 2 (tud 14)
A: £150; B: 20:05; C: 153 litr

Gwersi 2a–1c (tt 15–17)

C	2a	2b	2c
1	132	222	258
2	207	238	268
3	84	132	228
4	stori	stori	stori
5	32kg	64kg	112kg
6	70cm	125cm	225cm
7	lluosi	lluosi	lluosi
8	£12	£31	£52

Gwers 3 (tud 18)
A: 40; B: 159; C: y bag o £1.20

Gwersi 3a–3c (tt 19–21)

C	3a	3b	3c
1	6.40 pm	7.55 pm	8.05 pm
2	rhannu	rhannu	rhannu
3	6m^2	12m^2	20m^2
4	52	96	164
5	45.5kg	86.5kg	146.5kg
6	£42	£62	£162
7	stori	stori	stori
8	180ml	320ml	540ml

Gwers 4 (tud 22)
A: £15.00; B: 259; C: 25kg

Gwersi 4a–1c (tt 23–25)

C	4a	4b	4c
1	26 diwrnod	57 diwrnod	148 diwrnod
2	25	45	90
3	adio	adio	adio
4	£3.10	£6.30	£7.95
5	datganiad	datganiad	datganiad
6	14 llwy de	25 llwy de	37.4 llwy de
7	251	411	711
8	43 diwrnod	85 diwrnod	185 diwrnod

Gwers 5 (tud 26)
A: 19; B: 12 awr, 27 munud;
C: 7fed Mawrth, 30ain Hydref

Gwersi 5a–5c (tt 27–29)

C	5a	5b	5c
1	38	46	76
2	58	118	318
3	11.2kg	10.4kg	14.8kg
4	minws	minws	minws
5	−4.6°	−4.8°	−10.8°
6	324cm	432cm	648cm
7	datganiad	datganiad	datganiad
8	£2.85	£3.75	£11.10

Gwers 6 (tud 30)
A: 2 funud, 19 eiliad; B: £29.55;
C: 1068

Gwersi 6a–6c (tt 31–33)

C	6a	6b	6c
1	£7.80	£19.80	£34.20
2	datganiad	datganiad	datganiad
3	353cm	553cm	720cm
4	£39.80	£67.80	£68.90
5	unrhyw 3 rhif gyda chyfanswm o		
	172	372	572
6	62	92	128
7	lluosi	lluosi	lluosi
8	68 litr	136 litr	168 litr

Datblygu ymresymu rhifyddol: Adnabod prosesau a chysylltiadau

Gwers 1 (tud 34)
A: 26; B: 70cm; C: O

Gwersi 1a–1c (tt 35–37)

C	1a	1b	1c
1	nac oes	oes	nac oes
2	16	64	256
3	6 sgwâr	2 driongl 3 petryal	2 hecsagon 6 petryal
4	ddim yn berthnasol	ddim yn berthnasol	ddim yn berthnasol
5	14	26	64
6	ee ciwb brism	ee pyramid gwaelod-sgwâr	ee ciwb, prism triongl
7	ciwb	prism hecsagonal	prism octagonol
8	5	5	6+

Gwers 2 (tud 38)
A: 2 x 4 = 8; B: cyfrifiad minws;
C: lluoswch y lled wrth yr hyd

Gwersi 2a–2c (tt 39–41)

C	2a	2b	2c
1	Ddim yn berthnasol	Ddim yn berthnasol	Ddim yn berthnasol
2	10; 11	15; 16	18; 19
3	Plentyn i ddangos gweithio allan		
4	Amrywiaeth o atebion		
5	30	24 neu 48	96
6	Plentyn i ddangos gweithio allan		
7	Plant i ddangos enghreifftiau		
8	Amrywiaeth o atebion		

Gwers 3 (tud 42)
A: unrhyw batrwm sy'n defnyddio'r siâp yna;
B: gellir; C: 10cm

Gwersi 3a–3c (tt 43–45)

C	3a	3b	3c
1	1	1	2
2	64	512	1000
3	4 triongl	1 sgwâr 4 triongl	1 pentagon 5 triongl
4	1	2	4
5	ciwboid	prism pentagonol	prism hecsagonol
6	4	4	4
7	3 neu 9 o'r gloch	6 o'r gloch	2 neu 10 o'r gloch
8	3	3	4

Datrys Problemau Mathemateg – Blwyddyn 5

Gwers 4 (tud 46)

A: 65, 66, 67; B: rhannu – trafodaeth ddosbarth; C: na, datganiad i'w drafod.

Gwersi 4a—4c (tt 47—49)

C	4a	4b	4c
1	512÷16=32 544÷17=32 576÷18=32	800÷25=32 832÷26=32 864÷27=32 896÷28=32	928÷29=32 960÷30=32 992÷31=32
2	20x4=80 etc	20x3x11=660	etc.
3	Unrhyw gyfrifiad cywir		
4	darlunio siapiau a llinellau cymesuredd		
5	angen dangos gweithio allan y lluosi		
6	7, 19, 43, 91,187, 379	9, 25, 57, 121, 249, 505	11, 41, 131, 401, 1211, 3641
7	disgyblion i ddangos enghreifftiau		
8	angen dangos gweithio allan y lluosi		

Gwers 5 (tud 50)

A: 3 neu 9 o'r gloch; B: prism triongl; C: octagon, 16.

Gwersi 5a—5c (tt 51—53)

C	5a	5b	5c
1	7	8	11
2	2 gylch 1 petryal	2 hecsagon 6 petryal	2 octagon 8 petryal
3	24	12	20
4	ddim yn berthnasol	ddim yn berthnasol	ddim yn berthnasol
5	ddim yn berthnasol	ddim yn berthnasol	ddim yn berthnasol
6	ddim yn berthnasol	ddim yn berthnasol	ddim yn berthnasol
7	64	192	768
8	unrhyw siapiau perthnasol		

Gwers 6 (tud 54)

A: trafodaeth ddosbarth;

B: trafodaeth am y datganiad;

C: 225, 449 (dyblwch a thynnu ffwrdd 1)

Gwersi 6a—6c (tt 55—57)

C	6a	6b	6c
1	87, 88	137, 138	237, 238
2	dangoser y gweithio allan ar gyfer lluosi		
3	60 x x	60 x 60 x x	60 x 60 x 24 x x
4	anghywir	anghywir	anghywir
5	209	156	285
6	enghreifftiau o'r cwestiwn tablau		
7	dangoser gweithio allan yr adio		
8	dangoser enghreifftiau		

Defnyddio sgiliau rhif

Gwers 1 (tud 58)

A: 500; B: £22.39; C: 8 litr

Gwersi 1a–1c (tt 59–61)

C	1a	1b	1c
1	CD £2.50	CD £1.25	CD £7.50
tapiau	£1.08	£2.08	£4.41
posteri	85c	£1.75	£1.85
2	180g siocled	225g siocled	420g siocled
hufen	600ml	750ml	1050ml
hufen iâ	6 sgwp	9 sgwp	12 sgwp
3	£2.28	£4.06	£7.86
4	52	90	170
5	20	29	43
6	41	45	57
7			
uchaf	£1.05	£1.20	£1.79
isaf	57c	75c	£1.16
8	3 awr, 30 munud	6 awr, 15 munud	7 awr, 55 munud

Gwers 2 (tud 62)

A: 2kg; B: 184 tudalen;

C: 4 munud, 29.3 eiliad

Gwersi 2a–2c (tt 63–65)

C	2a	2b	2c
1	£10.40	£18.72	£29.12
2	40 diwrnod	67 diwrnod	115 diwrnod
3	20	58	78
4	114cm	128cm	170cm
5	118	218	338
6	£4.30	£7.27	£18.27
7	£2.30	£2.35	£2.47
8	1250ml	2500ml	4375ml

Gwers 3 (tud 66)

A: 77; B: 36 rôl selsig, 54 brechdan,
24 cacen; C: £16 ($) a £38 (€)

Gwersi 3a–3c (tt 67–69)

C	3a	3b	1c
1	130 milltir	190 milltir	240 milltir
2	28	18	46
3	£14.70	£17.50	£30.10
4	94	174	254
5	4	11	20
6	1 awr, 52 munud	2 awr, 4 munud	2 awr, 38 munud
7	35	57	21
8	102	162	242

Gwers 4 (tud 70)

A: 16:57; B: Ffion 36kg; Cai 54kg C: 2.50m

Gwersi 4a–4c (tt 71–73)

C 4a 1	104 punt Eifftaidd
	986 doler Jamaicaidd
	133 doler Hong Kong
C 4b 1	208 punt Eifftaidd
	1972 doler Jamaicaidd
	266 doler Hong Kong
C 4c 1	364 punt Eifftaidd
	3451 doler Jamaicaidd
	465.5 doler Hong Kong

C	4a	4b	4c
2	4.4 litr	11 litr	16.5 litr
3	14 awr, 5 munud	13 awr, 35 munud	13 awr, 55 munud
4	30	49	98
5	7.5km	16km	22.5km
6	4 raffl 8 cneuen coco	4 raffl 8 cneuen coco	8 raffl 16 cneuen coco
7	2340	4420	5460
8	£19.50, £175.50	£39 £156	£58.50 £136.50

Gwers 5 (tud 74)

A: 76; B: £9.50; C: £24.90

Gwersi 5a–5c (tt 75–77)

C	5a	5b	5c
1	6m	20m	24.5m
2	£9.95	£15.45	£20.45
3	2.05kg	3.2kg	6.2kg
4	99cm	88cm	71.5cm
5	8.41, nac oedd	8.47, nac oedd	8.47, nac oedd
6	£25.75	£54.75	£67.70
7	38	48	46
8	20	30	56

Gwers 6 (tud 78)

A: £67.20;

B: rhedeg 19.5 milltir, cerdded 6.5 milltir;

C: 30

Gwersi 6a–6c (tt 79–81)

C	6a	6b	6c
1	150m^2	600m^2	832m^2
2	£14.40	£19.11	£41.40
3	24m^2 palmantog 4 x 2m	42m^2 palmantog 7 x 2m	64.5m^2 palmantog 2.15 x 10m
4	30	45	65
5	12	28	54
6	156	195	325
7 newid	£11.10 £8.90	£25.65 £4.35	£39.15 £10.85
8	384; 216 i'w casglu	684; 316 i'w casglu	1284; 216 i'w casglu

© Catherine Yemm **Datrys Problemau Mathemateg – Blwyddyn 5**